ହାତୀ ସଜ କର

ତୁମି ତା ଜାନୋନା କିଛୁ, ନା ଜାନିଲେ
ଆମାର ସକଲ ଗାନ ତବୁଓ
ତୋମାରେ ଲକ୍ଷ୍ୟ କରେ

ଜୀବନାନନ୍ଦ ଦାଶ

ନିର୍ଜନ ସ୍ୱାକ୍ଷର/ଧୂସର ପାଣ୍ଡୁଲିପି

ହାତୀ ସଜକର
ଦେବଦାସ ଛୋଟରାୟ

BLACK EAGLE BOOKS
2021

BLACK EAGLE BOOKS

USA address:
7464 Wisdom Lane
Dublin, OH 43016

India address:
E/312, Trident Galaxy, Kalinga Nagar,
Bhubaneswar-751003, Odisha, India

E-mail: info@blackeaglebooks.org
Website: www.blackeaglebooks.org

First Edition: Vidyapuri, Cuttack, 2008

First International Edition Published by
BLACK EAGLE BOOKS, 2021

HATI SAJA KARA
by **Devdas Chhotray**

Copyright © **Devdas Chhotray**

All rights reserved. No part of this publication may be reproduced, stored in a retrieval system, or transmitted, in any form or by any means, electronic, mechanical, photocopying, recording or otherwise without the prior permission of the publisher.

Cover: **Prafulla Mohanty**

ISBN- 978-1-64560-201-9 (Paperback)

Printed in the United States of America

ଅକ୍ଷୟ ମହାନ୍ତିଙ୍କ ପାଇଁ

ହାତୀ ନା ବାଘ

କିଛିଦିନ ତଳେ, ଥରେ କଟକ କ୍ଲବ୍‌ରେ ଏକ ସଂଧ୍ୟା ବିତାଇ ଫେରୁଥିବାବେଳେ, ମୋର ଜଣେ ଅଳ୍ପ ପରିଚିତ କିନ୍ତୁ ବେଶ୍ ନିଶାଗ୍ରସ୍ତ ବନ୍ଧୁ, ପଛରୁ ମୋ' କାନ୍ଧରେ ହାତରଖି ଅଟକାଇ କହିଲେ, 'ନମସ୍କାର ଆଜ୍ଞା, ମାନିଗଲି, ଆପଣଙ୍କର ସେ 'ବାଘ ସଜ କର' ଲେଖାଟା ବହୁତ ସୁନ୍ଦର ହେଇଚି'। ମୁଁ ଆଶ୍ଚର୍ଯ୍ୟ ହେଇ କହିଲି, 'ବାଘ, ନା ହାତୀ ସଜ କର'? 'ନା ବାଘ', ସେ କହିଲେ। 'ନା ନା ହାତୀ,' ମୁଁ କହିଲି। 'ବାଘ ବାଘ, ଆଉଥରେ ବହିଦେଖନ୍ତୁ' ସେ କହିଲେ। ଏୟା କହି ସେ ଯେଉଁ ଟଳମଟମଳ ପାଦରେ ମତେ ଟପି ଚାଲିଗଲେ, ସେ ନା ବାଘର ଥିଲା ନା ହାତୀର।

୧୯୬୦ ଦଶକରେ ଲେଖା, ମୋ' ବୋଉର ମତେ ପିଲାଦିନେ ଖରାବେଳେ ନିଦରେ ଶୁଆଇପକେଇବା ଗୀତରୁ ଅଣା ପ୍ରଥମଧାଡ଼ି, ଆଉ ଅକ୍ଷୟ ମହାନ୍ତିଙ୍କର ରେଡିଓରେ ବୋଲା ଅତି ଜନପ୍ରିୟ ଏ ଗୀତ, ପୁଣିଥରେ ଶ୍ରୁତିଗୋଚର ହେଲା ୨୦୦୮ ମସିହାରେ। ସୁସ୍ମିତା ଦାସଙ୍କ କଣ୍ଠ ଆଉ ଓମ୍ ପ୍ରକାଶ ମହାନ୍ତିଙ୍କ ସଂଯୋଜନାରେ ସୁସଜ୍ଜିତ ହୋଇ ଆଉ ଏକ ପିଢ଼ିର ଶ୍ରୋତାଙ୍କୁ ଆକୃଷ୍ଟ କଲାପରେ, ସେଇ ଶୀର୍ଷକରେ ମୋର ଏକ କବିତା ସଂକଳନ ମଧ୍ୟ ପ୍ରକାଶିତ ହେଲା। ତା'ର ପ୍ରଥମ ସଂସ୍କରଣ ବହୁଦିନରୁ ସରିଯାଇଚି। କିନ୍ତୁ ଏଥିରେ ସନ୍ଦେହ ନାହିଁ, 'ହାତୀ ସଜ କର' ଅଭିବ୍ୟକ୍ତିଟି ଓଡ଼ିଆମନର ଅବଚେତନରେ ପଶିଯାଇଚି।

ମୁଁ ଏବେ ଅପେକ୍ଷା କରିଚି, ଦ୍ୱିତୀୟ ସଂସ୍କରଣ ବାହାରିଲେ, ମୁଁ କଟକ କ୍ଲବ୍‌ରେ ସେଇ ଅଳ୍ପଚିହ୍ନା ବନ୍ଧୁଙ୍କୁ ଖୋଜି ବାହାରକରି, ବହିଟି ଉପହାର ଦେବି, ଯିଏ ସଂଧ୍ୟାହେଲେ ହାତୀକୁ ବାଘ ବୋଲି କହୁଚନ୍ତି।

ଦେବଦାସ ଛୋଟରାୟ

ପୂର୍ବାପର

ପିଲାଦିନ ସାରା, ଖରାବେଳେ, ଆମର କାଳିଗଳି ବସାଘରେ, ଦିନ ପରେ ଦିନ ଗୋଟାଏ ବିରାଟ ଛାପାଖାନାର ଅନବରତ ନିର୍ଘୋଷ ଭିତରେ ମୁଁ ଶୋଇବାର ଛଳନା କରିଚି । ସେତେବେଳେ ପଚାଶ ଦଶକର ଆରମ୍ଭ, ହେଲେ ମୋ ସ୍କୁଲ୍ ଯିବା ଆରମ୍ଭ ହୋଇନି । କଟକରେ ଆମ ଘର ସାମନାରେ ଉତ୍କଳ ସାହିତ୍ୟ ପ୍ରେସ ଆଉ ମଝିରେ ନାଲି ମୋରମର ଅପ୍ରଶସ୍ତ ରାସ୍ତା । ତା' କଡ଼ରେ ଗ୍ୟାସଲାଇଟ୍ ବଦଳରେ ବିଜୁଳିବତି ଆଉ ଟେଲିଫୋନ୍‌ର ଖୁମ୍ବସବୁ ଲାଗୁଥାଏ ନୂଆକରି । ବୋଉ ଆମକୁ ସେ ଖୁମ୍ବସବୁ ଛୁଇଁବାକୁ ମନାକରେ, ରାସ୍ତାକୁ ଓହ୍ଲାଇବାକୁ ମନାକରେ, ଏମିତିକି ବାରଣ୍ଡାରେ ଛିଡ଼ା ହେବାକୁ ବି ମନାକରେ । ମୁଁ ଚଞ୍ଚଳ, ଅସ୍ଥିର ବୋଲି ମୋତେ ଦାଣ୍ଡପାଖ ଚାଳ ଘରକୁ ଟାଣିନେଇ, ତଳେ ସପ ପକେଇ, ଜବରଦସ୍ତି ତା ପାଖରେ ନିଦରେ ଶୁଆଏ, ମାନେ ଶୁଆଇବାକୁ ଚେଷ୍ଟା କରେ । ଏ ରୁଟିନ୍ ବନ୍ଧା ହୋଇଥାଏ ବର୍ଷ ପରେ ବର୍ଷ, ସ୍କୁଲ ଆରମ୍ଭ ହେଲା ପରେ ଗ୍ରୀଷ୍ମ ଛୁଟି ସାରା ।

ବାହାରେ କେତେବେଳେ ଏପ୍ରିଲ୍ ମାସର ତ କେତେବେଳେ ଜୁନ୍ ମାସର କ୍ଷମାହୀନ ଖରା । ମୁଁ ଆଖି ବନ୍ଦ କଲେ ବି ଜାଣିପାରେ ସେ ମୋରମ୍ ରାସ୍ତାରେ ପରିବା ବିକାଳି, ଫେରିବାଲା, କୂଅ ଉଖାଳିଲାବାଲା (ତା'ର ବିଲେଇ କଣ୍ଟାର ଝଣ୍ ଝଣ୍), ବମ୍ବେ ମିଠେଇ, ଗୁଞ୍ଚିର ପୋକ ବିକୁଥିବା କେଳୁଣୀ, ଘାଗରା ପିନ୍ଧା ଇରାନୀ ଝିଅ, ପେଡ଼ିରେ ସାପ ଧରି ଯାଉଥିବା ଲୋକ, ଅଥବା ଘଣ୍ଟାପାଟୁଆ ଦଳକୁ ସେମାନଙ୍କର ଯିବା ଆସିବାର ଶବ୍ଦରୁ । ଆହୁରି ଜାଣିପାରେ ଯେ ଆମ ପଡ଼ିଶା ଘରର ଶରତ ପରିଜା ଓକିଲ, ଯିଏ କଳାକୋଟ ପିନ୍ଧିଲେ ଆଲ୍‌ଫ୍ରେଡ୍ ହିଚ୍‌କକ୍‌ଙ୍କ ପରି ଦେଖାଯାଆନ୍ତି, ସେ ତାଙ୍କ ଫୋର୍ଡ଼ ଗାଡ଼ିରେ ଫାଟକ ଖୋଲି ଘର ଭିତରକୁ ପଶୁଚନ୍ତି ନା ବାହାରୁଚନ୍ତି ।

ଆଉ ଏ ସବୁ ଶବ୍ଦର ପ୍ରଚ୍ଛଦପଟ ପରି ମୁଁ ଶୁଣୁଥାଏ ବିଶ୍ୱନାଥ କରଙ୍କ ପ୍ରତିଷ୍ଠିତ ଉତ୍କଳ ସାହିତ୍ୟ ପ୍ରେସ୍ ଭିତରେ ଚାଲୁଥିବା ବଡ଼ ବଡ଼ ଟ୍ରେଡ୍‌ଲ୍ ମେସିନ୍‌ର ଅନବରତ ଛନ୍ଦ ତାଳ, ଯେମିତି ଶହେଟି ଧୋବା ନଈ ତୁଠରେ ଏକାସାଙ୍ଗରେ ସମନ୍ୱୟ ରକ୍ଷା କରି ପଥର ଉପରେ ଲୁଗା କାଚୁଚନ୍ତି । ବୋଉ ବୋଧହୁଏ ଜାଣିପାରେ ଯେ ମୁଁ ତା ଛାତି ଭିତରେ ମୁଣ୍ଡ ଗୁଞ୍ଜିବା ସତ୍ତ୍ୱେ ବି ଶୋଇନି । ସେ ଧୀରେ ଧୀରେ ମୋ କାନ ଉପରେ ହାତ ଥାପୁଡ଼େଇ, ତା'ର ଅଧା ନିଦ ଲାଗିଯାଇଥିବା ସ୍ୱରରେ ଗୁଣୁ ଗୁଣୁ ହୋଇ, ଛାପାଖାନାର ଶବ୍ଦକୁ ଢାଙ୍କିଦେଇ ଗାଏ, 'ହାତୀ ସଜକର ମାଯେ ଘୋଡ଼ା ସଜକର, ଆପେ ସଜ ହୁଅ ଧନ ଯିବ ବାପଘର' ।

ସେ ସ୍ୱରର ନିଦ୍ରାକୁଳତାରେ ବୋଉ ନିଜେ ଶୋଇପଡ଼େ, କିନ୍ତୁ ସେ ଗୀତର ଶବ୍ଦ ସବୁର ଅଧା ବୁଝି ପାରୁଥିବା ଅର୍ଥଙ୍କ ତାଡ଼ନାରେ ମୁଁ ସମ୍ପୂର୍ଣ୍ଣ ସଜାଗ ହୋଇ ଉଠିପଡ଼େ । ସେ ଗୀତର ଭାଷା ଭିତରୁ ବାହାରି ଆସେ ଏକ ଦୃଶ୍ୟପଟ, ଯେଉଁଠି ବିଭୂଷିତ ହାତୀଘୋଡ଼ାଙ୍କ ଗହଣରେ, ହାଉଦା ଉପରେ ବସିଥାଏ ଏକ ନୀଳାମ୍ବରୀ ପାଟ ପିନ୍ଧିଥିବା ଝିଅ, ଯାହାର ମୁହଁ ମୋର ଆଜି ପର୍ଯ୍ୟନ୍ତ ମନେ ଅଛି । ମୋର ଅସ୍ଥିର ପଣ ଆହୁରି ଉଚ୍ଚାଟ ହୁଏ । ମୁଁ ମୋର କାନ ଉପରୁ ବୋଉର ପାପୁଲିକୁ ଆସ୍ତେ ଉଠେଇ ଦେଇ ଉଭେଇଯାଏ ଜୁନ୍ ଶେଷର ତାତିଲା ବାମ୍ଫର ଅପରାହ୍ଣ ଭିତରକୁ । ବିଭିନ୍ନ ବନ୍ଦ କବାଟ ଓ ଝରକା ସାମନାରେ ଅଯାଚିତ ପରି ଖୋଜୁଥାଏ ଖେଳିବା ସାଙ୍ଗ । ମୋର କୁଳୀନ ବନ୍ଧୁ ମଧୁ ରାୟ ତା'ର ଗୋରାପଣର ସୁରକ୍ଷା ପାଇଁ ଝର୍କାରେ ପର୍ଦ୍ଦା ପକେଇ, ଦିନବେଳେ ବି ମଶାରି ଟାଙ୍ଗି ଶୋଇଥାଏ ତାଙ୍କ ଘର ଭିତରେ । ଏତେ ଖରାରେ ଛାଡ଼ିବାକୁ ତା ବାପ ମା ମନା କରନ୍ତି । ସେମିତି ଅନ୍ୟମାନେ । ଅବଶେଷରେ ମୁଁ ମୋର ରାସ୍ତା କଡ଼ର ସାଙ୍ଗ ଝୁମ୍ପା କି ନମ୍ପାନୀକୁ ଧରି ପାଖ ପଡ଼ିଆରେ ଗୁଡ଼ି ଉଡ଼ାଏ, ଅଥବା କାଠଯୋଡ଼ି ପଠାକୁ ଯାଏ ଭଇଁଚ କୋଳି ଆଣିବାକୁ । ଫେରିଲା ବେଳକୁ ଘର ଆହୁରି ଦୂର ଥାଏ, ରାସ୍ତାର ବତି ସବୁ ଜଳି ଉଠନ୍ତି । ମୁଁ ଦୌଡ଼େ ସଞ୍ଜପରେ ଫେରିବାର ତିରସ୍କାରର ଭୟରେ । ଭୟ ହେଉ ବା ଖୁସି, ବା ଅନ୍ୟମନସ୍କତା ଭିତରେ, ଖରାବେଳର ସେ ଦୁଇ ଲାଇନ୍ କିନ୍ତୁ ବାଜୁଥାଏ ମୋ ଭିତରେ ବାରମ୍ବାର, 'ହାତୀ ସଜ କର ମାୟେ ଘୋଡ଼ା ସଜ କର' ।

ମୋର କଥା କହିବାର ଭାଷା ନିର୍ଦ୍ୱନ୍ଦ୍ୱରେ କଟକର, କିନ୍ତୁ ମୋର ଗୀତର ଭାଷା ମୋ ବୋଉର । ମୋ ଗୀତର ମୂଳ ଗଢ଼ଣ ଭିତରେ ମୋ ବୋଉର ଓଡ଼ିଆ ଭାଷା ଥାଏ । ବୋଉ କେତେପର୍ଯ୍ୟନ୍ତ ପଢ଼ିଥିଲା ମୁଁ ଜାଣିନି, କିନ୍ତୁ ବିଭିନ୍ନ ପରିସ୍ଥିତିରେ ଖାପ ଖାଇଲା ପରି ଓଡ଼ିଆ ଆପ୍ତ ବାକ୍ୟ କହିବାରେ ସେ ଥିଲା ଧୁରନ୍ଧର । ପିଲାଦିନେ ମତେ ମୋର ଅଗଣିତ ଦୁଷ୍ଟାମୀ ପାଇଁ ଝିଙ୍ଗାସିଲେ, ସେ ଆହୁରି ଶାଣିତ, ପୂରା ଝୁଣିପକେଇଲା ପରି ଓଡ଼ିଆ କହେ । ଆଉ ସେ ଯେତେବେଳେ ନିମ୍ନ ସ୍ୱରରେ 'ଆସ ନିଦ୍ରାଦେବୀ ଆସ' ଗାଏ ଆମକୁ ଶୁଆଇବା ପାଇଁ (ମତେ କୌଣସିମତେ ଶୁଆଇ ଦେଇପାରିଲେ, ସେ ବଞ୍ଚୁଥିଲା !) ସେତେବେଳେ କଳା ଶାଢ଼ି ଓ ମୁକୁଟ ପରିହିତା ନିଦ୍ରା ଦେବୀ ଆସି ଆମ ଖଟ ଦାଢ଼ରେ ବସନ୍ତି ।

ବୋଉର ଭାଷା ଓ ତାର ମନେରଖା ଗୀତର ପରିପ୍ରେକ୍ଷୀ ଗ୍ରାମ୍ୟ, କିନ୍ତୁ ମୁଁ ସେସବୁକୁ ବ୍ୟବହାର କରିଚି ସହରର, ମାନେ କଟକ ସହରର, ପରିବେଶ ଆଉ ଚଳଣି ସାଙ୍ଗରେ । ସେ ଭାଷା ଆଉ ଶବ୍ଦର ଛିଟା ପଡ଼ିଚି, କେବଳ ମୋର ଚଲ୍‌ତି ଗୀତମାନଙ୍କରେ ନୁହେଁ, ମୋର କବିତାମୟ ଆଧୁନିକ, ଆଉ ଅର୍ଥମୟ ଗଜଲ୍‌ରେ ସୁଦ୍ଧା । ସେଇ ଗୀତସବୁ ଭିତରେ ମୋ ବୋଉ କୋଉଠିନା କୋଉଠି ରହିଯାଇଚି ।

'ଝିଅ ଦେଖିଲି ତିନିଟି' ଗୀତ ସତୁରି ଦଶକର, ସେତେବେଳେ ବୋଉ ବଞ୍ଚିଥିଲା । ସେ ପିଲାଦିନୁ ଆମକୁ ତିନୋଟି କୁମ୍ଭାରଙ୍କ ଗପ ଗୀତରେ କହେ । କେମିତି ଦୁଇଟା କୁମ୍ଭାର ଲଢ଼ାଲଢ଼ି ହୁଅନ୍ତି, ଆଉ ଗୋଟିଏ କୁମ୍ଭାର ତିନିଟା ହାଣ୍ଡି ଗଢ଼େ । ପୁଣି ଦୁଇଟା ହାଣ୍ଡି ଭାଙ୍ଗିଯାଏ, ପୁଣି ଆଉ କଣ ହୁଏ ଇତ୍ୟାଦି । କୋଉଠି ମନ ଭିତରେ ଥିଲା ଏଇ ଗୀତର କାୟାକଳ୍ପ, ଆଉ ସତର୍କ ହୋଇ ନୁହଁ, ଅଜାଣତରେ ପଶିଗଲା ସେଇ ଛାଞ୍ଚ ଭିତରେ 'ଘଣ୍ଟା କଣ୍ଟା ମିନିଟ୍, ଝିଅ ଦେଖିଲି ତିନିଟି' । ସେ ଗୀତରେ ଦୁଇଟା ଝିଅ ତ ହସାହସି ହେଲେ, କିନ୍ତୁ ଜଣେ ଅଧା ହସିଲା । ଆଉ ଯେଉଁ ଝିଅଟି ଅଧା ହସିଲା, ତା'ରି ପାଇଁ ସବୁ ଅସୁବିଧା ହୋଇଗଲା । ଓଡ଼ିଆ ଗ୍ରାମ୍ୟ ପରମ୍ପରାର ଲୋକଗୀତରୁ ଏହି ଗୀତର ଢାଞ୍ଚା ଆସିଚି ସିନା, କିନ୍ତୁ ଗଳ୍ପ ସହରର, ଅନୁଭବ ସହରର । ଗୋଟିଏ ସାଧାରଣ ଝିଅର ସଣ୍ଢା ଓ ଶାନ୍ତପଣ, ତିନୋଟି ଯୁବତୀ ଝିଅଙ୍କୁ ଦେଖିବାର ଲୋଲୁପତାକୁ ଢାଙ୍କି ଦେଇଚି, ସେଥିପାଇଁ ବୋଧହୁଏ ଏ ଗୀତର ଅଦ୍ଭୁତ କାଟ୍‌ତି ।

କାହାଣୀ ଆଉ ଗୀତ ଭିତରର ଦିଆନିଆ ମତେ ଅକ୍ଷୟ ମହାନ୍ତି ଶିଖାଇଥିଲେ । ଆଠ ଲାଇନ୍ ଭିତରେ ଗୋଟିଏ ସମ୍ପୂର୍ଣ୍ଣ ଗପ କହିବାର ଗଣିତ ମଧ୍ୟ ସେ ହିଁ ଶିଖାଇଥିଲେ । ପ୍ରତିଟି ଗୀତ ଯେ କେବଳ ଋତୁ ଅବା ସୌନ୍ଦର୍ଯ୍ୟର ବର୍ଣ୍ଣନା ନୁହେଁ, ତା'ପଛରେ ଥିବା ଗୋଟିଏ ଆହତ ବା ଅଭିଭୂତ ଚରିତ୍ରର ସଂଳାପ, ଆଉ ସେ ସଂଳାପର ନିଷ୍ଠା, କହିବାର ଅଲଗା ଢଙ୍ଗ ଯେ ତାକୁ ଆଧୁନିକ କରେ, ଏକଥା ବି ସେ'ଠୁ ଶିଖିଛି । ସେ ମୋତେ କହୁଥିଲେ 'ଦେବଦାସ, ମୋ ଗୀତ ସବୁକୁ ତାରିଖ ଅନୁସାରେ ସଜେଇ ଦିଅ, ତା ମୋର ଆତ୍ମଜୀବନୀ ହୋଇଯିବ । ମୁଁ ସଙ୍କୋଚ କରି, ତାଙ୍କ ଆଢୁଆଳରେ, ମୋ ଲେଖା ସବୁକୁ ସେମିତି ସଜେଇ ଦେଖିଲି ଯେ କଥାଟା ମୋ ପାଇଁ ବି ସତ । ସେ ମତେ ଲୋର୍କା, ଗାଲିବ୍, ଆଉ ଡିଲାନ୍ ଟମାସ୍ ପଢ଼ାଇ ବୁଝାଇଥିଲେ ଯେ ଗୀତ ଆଉ କବିତା ଭିତରେ କୌଣସି ଗୁଣଗତ ଫରକ ନାହିଁ । ଆଉ ଗୁଲ୍‌ଜାର୍ 'ଇଜାଜତ୍' ଫିଲ୍ମ ପାଇଁ 'ମେରେ କୁଛ୍ ସାମାନ୍' ଲେଖିବାର ବହୁ ପୂର୍ବରୁ ସେ ମୋଠୁ ଲେଖାଇଥିଲେ ଅଦ୍ଭୁତ ଛନ୍ଦର କେତେ ଗଦ୍ୟ ଗୀତ । ବୋଉର ଭାଷା ଓ ଅକ୍ଷୟ ମହାନ୍ତିଙ୍କ ଢଙ୍ଗର ସମ୍ମିଶ୍ରଣରେ ତିଆରି ହୋଇଥିବା 'ହାତୀ ସଜକର' ଏକା ସାଙ୍ଗରେ ଗୀତର ବହି, ଆଉ କବିତାର ବହି ବି ।

ଦେବଦାସ ଛୋଟରାୟ

ଆଲାମଚାନ୍ଦ ବଜାର
୧୧ ଫେବୃୟାରୀ ୨୦୦୮
ସରସ୍ୱତୀ ପୂଜା

।ସୂଚୀ।

ହାତୀ ସଜ କର

ହାତୀ ସଜ କର ।୧୫। ଜାଣେନା ମୁଁ, କିଏ ସିଏ ।୧୬। ଲାଜ କଥା ।୧୮। ହେ ମୋର ଜୀବନ ।୨୦। ଫେରି ଯା ।୨୧। ତୋ ଆଖିରେ ଚନ୍ଦ୍ର ତାରା ।୨୩। ଗୋଲାପ କଢ଼ି ।୨୪। ଭୁଲ୍ ।୨୬। ପର ।୨୮। ଆଖି ।୨୯ । ଇଟିକିଲି ମିଟିକିଲି ।୩୦। ପଚାରନା ମତେ ।୩୧। ବନ ମୟୂରୀ ।୩୩। ଜହ୍ନରାତି ।୩୫। ଯେଉଁଠି ଲାଗିଲା ମନ ।୩୭। ବାବୁସାହାବ ।୩୮। ଚଢ଼େଇ ।୪୦। କୁଟୁ କୁଟୁ କାଠ ।୪୨। ବିପଦ ।୪୪। ଦୀପ ।୪୬। ଲୁଚାଛପା ।୪୭। ରତନୀ, ପାଟପତନି ।୪୮। ଚଂପା ।୫୦।

ଦୁଷ୍ଟ

ଦୁଷ୍ଟ ।୫୩। ତୁମ ପରି ।୫୪। ଅବୁଝା ବାଳିକା । ୫୫। କଟକ ସୁନ୍ଦରୀ ।୫୬। କଳାଜାଇ ।୫୮। ତିନିଟି ଝିଅ ।୬୦। ସୁନାର ଝରଣା ।୬୧। ମତେ ସାଇଲା ।୬୨। ପ୍ରେମ ରହିଗଲା ବାକି ।୬୪। ଗାଁ ଏକଣାରେ ।୬୫। ସପନ ସୁନ୍ଦରୀ ।୬୭। ନିଦ ।୬୮। ପ୍ରାଣ ସଜନୀ ଗୋରୀ ।୬୯। କାଇଁଚ ମାଳି ।୭୦। ତୁ ନୁହେଁ ।୭୨।

କୁହାଟ

କୁହାଟ ।୭୫। ଆଲୋ ମିନି ।୭୭। ଓଡ଼ିଶା ।୭୮। ମଇନା ।୮୦। ଗୋଟିଏ ସାରୀ ।୮୨। ବିଦେଶିନୀ ।୮୩। ମଧୁକ୍ଷରା ।୮୪। ନିରୋଳା ଝିଅ ।୮୫। ଗଣିତ ।୮୬। ତାରା, ଫୁଲ ।୮୮। ମୁଁ ଯଦି ଯାଆନ୍ତି ମରି ।୮୯। କିଛି ଲୋକ ।୯୧। ରାତି ପ୍ରିୟତମା ।୯୩। ନାଟକ ।୯୪। ସୁନା ପାନିଆ ।୯୬। ଆମେରିକା ଆବିଷ୍କାର । ୯୭। ବାରମାସୀ ।୧୦୦।

ଦୁଇଟି ତାରାର ରାତି

ଦୁଇଟି ତାରାର ରାତି ।୧୦୩। ଜାଣେନା, କା' ଘର ? । ୧୦୪। ଜହ୍ନ, ତୁ ଦେଖିନା ରେ ।୧୦୫। ପ୍ରେମ ଯେବେ ଆସେ ।୧୦୭। ଅଶୁଣା ।୧୦୮। ଅସରା ।୧୦୯। ଅମେଳ ।୧୧୦। ଶ୍ରାବଣ ।୧୧୧। ବର୍ଷା ରାତି ।୧୧୨। ଉଦାସେ ।୧୧୩। ସମୟ ଢେଉରେ ।୧୧୪। ସଂଦେହୀ ।୧୧୫। ପରଦେଶୀ ବନ୍ଧୁ ।୧୧୭। ଝିନବସନା ସୁନ୍ଦରୀ ।୧୧୯। ପତଳା ନିଦ ।୧୨୦। ସୀତା ।୧୨୧। ସମୁଦ୍ର ।୧୨୨। ଆହୁରି ଆହୁରି ।୧୨୬। ତାଲାଚାବି ।୧୨୭। ମହୁମାଛି ।୧୨୯।

ହାତୀ ସଜ କର

ହାତୀ ସଜ କର ମାଯେ ଘୋଡ଼ା ସଜ କର
ଆପେ ସଜ ହୁଅ ଧନ, ଯିବ ବାପ ଘର
ତୁମ୍ଭର ମାତାଙ୍କୁ ମୋର ବହୁତଇଁ ଡର
ତାଙ୍କ ପାଇଁ ଶଂଖା ଶାଢ଼ି ବେଗେ ସଜ କର

ପିତାଙ୍କୁ ପ୍ରଣାମ ଦେବି ଭଗିନୀଙ୍କୁ ପାଟ
ବେଗେ ବେଗେ ଖୋଲ ଆଗୋ, ଗଂଭୀରି କବାଟ
ଗୁମାସ୍ତାଙ୍କ ପୁଅ ଯିବେ ବେବର୍ତ୍ତାଙ୍କ ନାତି
ନାନା ଜାତି ସେନା ରଂଗେ ଧରିଥିବେ ଛତି

ତୁମ୍ଭର ମାତାଙ୍କୁ ମୋର ଦୂରରୁ ଜୁହାର
ତାଙ୍କ ପାଇଁ ନୀଳାମ୍ବରୀ ଶାଢ଼ି ସଜ କର

ବହୁତ ବିନୟ ସଖୀ କରିଲଇଁ ମୁହିଁ
ଏଥକୁ ପ୍ରସନ୍ନ ନ ହୋଇଲ ଚାନ୍ଦମୁହାଁ
ତୁମ୍ଭର କି ଏକା ରାଗ, ଆମ୍ଭର ବି ଅଛି
ଲେଉଟି ଗଲେ ଗୋ ଦୋଷ ନ ଧରିବ କିଛି

ତୁମ୍ଭର ମାତାଙ୍କୁ ମୁଁ ତ ଦିଶୁଚି ଜହର
ତାଙ୍କ ପାଇଁ ସଜ କର ସୁବର୍ଣ୍ଣ କେୟୂର

ଜାଣେନା ମୁଁ, କିଏ ସିଏ

ଜାଣେନା ମୁଁ, କିଏ ସିଏ
           କାହା ଘର ଝିଅଟିଏ
ଗତକାଲି ଗଲା ବାହା ହୋଇ
ସାରା ରାତି ବାଜୁଥିଲା ସାହାନାଇ

ସିଏ ବି ତ ନାଇଥିବ ଚନ୍ଦନର ଚିତା
ସିଏ ବି ତ ଦେଇଥିବ ପାଦରେ ଅଳତା
ଲୁହରେ ଭିଜାଇ ତା'ର ହାତର ପାପୁଲି
ସିଏ ବି ତ ଚାଲିଥିବ ଥିରି ଥିରି ଚାଲି

ଜାଣେନା ତା' ପରିଚୟ
           କାହା ଘର କାହା ଝିଅ
ଗତ କାଲି ଗଲା ବାହା ହୋଇ

ଖାଲି ଶୁଭୁଥିଲା ଟିକେ କଇଁ କଇଁ
ଜହ୍ନ ଦେଖୁଥିଲା ମୋର ମଲା ଓଠ ହସ
ମୁଁ ଚାହିଁ ନିରେଖୁଥିଲି ତା'ର ପରିହାସ
ତୋ'କଥା ବି ବେଳେ ବେଳେ ପଡୁଥିଲା ମନେ
ସତେ ବା ଯାତନା କିଛି ପାଉଚି ସପନେ

ଶୁଭୁଥିଲା ହସାହସି
          କା' ବଉଳ ଆମ୍ୱକଷି
ଗତକାଲି ଗଲା ବାହା ହୋଇ
ରାତି କାନ୍ଦୁଥିଲା ଅବା ରହି ରହି

ଲାଜ କଥା

କେରି କେରି ସୁନା ହସ
ନୀଳ କଇଁ ମାଜଣା ତୁଠରେ
ଦୁଇଟି ମହମ ହାତ
ଦୁଇ ଆଖି ନିରୋଳା ନୀଳାର

ମୁଁ ତାକୁ ଚାହିଁଲି
ଆଉ ସିଏ ଦେଖି ଆଖି ନତ କଲା
ଆଲୋ ଲୋ ମାଲୁଣୀ
ଏଥକୁ ଉପାୟ କର
ଏ'ତ ବଡ଼ ଲାଜ କଥା ହେଲା

କର୍ଣ୍ଣେ ସେ ଛୁଇଁଚି ପଦ୍ମ
ତା' ହେଲେ ସେ କର୍ଣ୍ଣାଟ ଦେଶର
ହୃଦେ ସେ ଥାପିଚି ପଦ୍ମ
ସଂପି ଦେଇ ଦେହର କେଶର

ମୁଁ ଖାଲି ଜଳୁଚି ଏଠି
ହୁତୁ ହୁତୁ ନିଆଁରେ ତରଳା
ଆଲୋ ଲୋ ମାଲୁଣୀ
ଏଥକୁ ଉପାୟ କର
ଏ'ତ ବଡ଼ ଲାଜ କଥା ହେଲା

ଏଥକୁ ଉପାୟ କର

ଏ ଜ୍ୱଳନୁ କେମନ୍ତେ ତରିବା

ଫୁଲର ଗଜରା କରି

ଗୁପତରେ ଚିଟାଉ ପେଷିବା

ଗୁପତରେ ହଜିଯିବା

ତିଥି ଆସି କୃଷ୍ଣ ପକ୍ଷ ହେଲା

ଆଲୋ ଲୋ ମାଲୁଣୀ

ଏଥକୁ ଉପାୟ କର

ଏ'ତ ବଡ଼ ଲାଜ କଥା ହେଲା

ହେ ମୋର ଜୀବନ

ହେ ମୋର ଜୀବନ
ତତେ ଖୋଜି ଖୋଜି
ସୁନାର ତାରିଖ କେତେ ଗଲା ହଜି

ଖୋଜିଚି ମୁଁ ତତେ ଜୋଛନା ରାତିରେ
(ଜହ୍ନ ଆସୁଥିଲା ରୁପା ପାଲିଙ୍କିରେ)
ଖୋଜିଚି ମୁଁ ତତେ ବିଳାସ ଶେଯରେ
ଖୁସିର ଦୋକାନେ ହସର ବଜାରେ

ହଜିଗଲୁ କାହିଁ ମିଳିଲୁନି ତୁହି
ଖୋଜିଚି ମୁଁ ହୀରା ଦୀପ ତେଜି ତେଜି

ଖୋଜୁ ଖୋଜୁ ତତେ ଗଲାଣିରେ ବିତି
ଲୁହ ଟଳ ମଳ କେତେ ଦିନ ରାତି
ଥରେ ଡାକୁ ଡାକୁ ସରିଗଲା ଭାଷା
ବାକି ଅଛି ଏଣେ କେତେ କୋଟି ଆଶା

ହଜିଗଲୁ କାହିଁ, ମିଳିଲୁନି ତୁହି
ଖୋଜିଚି ମୁଁ କେତେ ମନେ ହେଜି ହେଜି

ଫେରି ଯା

ଫେରି ଯା ଫେରି ଯା
ଜହ୍ନ ଫେରିଯା
ଲୋଡ଼ା ନାହିଁ ତତେ
ଆଜି ଏ ରାତେ

ଲାଗେନା ଲାଗେନା
ମନ୍ଦ ଲାଗେନା
ଜଳିବାକୁ କିଛି
ଯାତନା ସାଥେ

ଜହ୍ନ ଦେଇ କା'ର
ମନ ମୁଁ କିଣିବି
ଏମିତି ଆଉ ତ
କେହି ମୋ ନାହିଁ

ମନ କିଣି କା'ରେ
ପରାଣ ବିକିବି
ଏମିତି ଆଉ ତ
କେହି ମୋ ନାହିଁ

ମାନେ ନା ମାନେ ନା
ଏ ମନ ମାନେ ନା
ଖେଳିବାକୁ ଏଇ
ଜହ୍ନ ତରାସେ

ଦେଖ ଜହ୍ନରାତି
ଚହଟି ଉଠୁଚି
ସହର ଛାତିରେ
ଅଧର ଚାପି

ମିଠା ଫଳ ସବୁ
ସିଏ ତ ଚାଖିଚି
ବିଷ ଫଳ ଯେତେ
ମୋ ପାଇଁ ବାକି

ବାହାନା ବାହାନା
ସବୁ ତା' ବାହାନା
ହସ କାନ୍ଦ ତା'ର
ବାହାନା ସତେ !

ତୋ ଆଖିରେ ଚନ୍ଦ୍ର ତାରା

ତୋ ଆଖିରେ ଚନ୍ଦ୍ର ତାରା
ମୋ ଆଖିରେ ଶ୍ରାବଣ
ତୋ ଓଠରେ ସୂର୍ଯ୍ୟ ହସେ
ମୋ ଓଠରେ ମରଣ

ତୋ ରୂପର ଅନଳରେ
ଜଳିଲା ମୋ ଜୀବନ
ପତଂଗ ପରାୟେ ହେଲା
ତନୁ ମନ ଉଚ୍ଛନ୍ନ
ଶୋଷ ବେଳେ ଜାଣିଲି
ତୁ ମହୁ ନୁହଁ ଲବଣ
ମୋ ଲୁହର ଯମୁନାରେ
ଅଚପଳ ପାଷାଣ

ତୋ ଲାଗି ସହିଲି ଯେତେ
ଛାତିଥରା କଷଣ
ତୋହରି ଖିଆଲ ଲାଗି
କଲି ସବୁ ଯତନ
ଏ ଦୁନିଆ ଅସହଣି
ଜାଳି ମୋର ସପନ
ତତେ ତ କରିଚି ଜହ୍ନ
ମତେ କରି ବାମନ

ଗୋଲାପ କଢ଼ି

କଢ଼ି ଯେ କଢ଼ି ମୋର ଗୋଲାପ କଢ଼ି
ତୋ'ର ଫାନ୍ଦରେ ପଡ଼ି
ମୋର ପୀରତି ଦିନୁ ଦିନ ଯାଉଚି ବଢ଼ି
ଦେବି ସୁନା କଉଡ଼ି, ଦେବି ରୁପା କଉଡ଼ି
ମତେ ଚିଟାଉ ଲେଖିଦେଲେ ଦୁଇଟି ଧାଡ଼ି

ଆହା, ସେନେହ ଆମର ମହୁର ଘଡ଼ି
ଦେଖ ଦିନକୁ ଦିନ ବେଶି ଯାଉଚି ଇଡ଼ି
ଯିଏ ଦେଖୁଚି ସିଏ ମୁହଁ ଦେଉଚି ମୋଡ଼ି
ସାରା ସହରଯାକ ହୁରି ଗଲାଣି ପଡ଼ି
ନା ତୁ ପାରୁଚୁ ଛାଡ଼ି, ନା ମୁଁ ପାରୁଚି ଏଡ଼ି

କଢ଼ିରେ କଢ଼ି, ମୋର ଗୋଲାପ କଢ଼ି
ତୋର କଥାରେ ପଡ଼ି
ଲାଜ ସରମ କେଉଁଦିନୁ ଗଲାଣି ପୋଡ଼ି

ଆହା, ସେନେହ ଆମର କୁହୁକ ଶିଢ଼ି
ହାତେ ଛିଡ଼ିଲେ ଦୁଇ ହାତ ଯାଉଚି ବଢ଼ି
ଯାଇ ନାହାକ ପାଖେ ସତେ ପକାଅ ଖଡ଼ି
କିଏ ଆଗରୁ ଯିବ ଭଲା କାହାକୁ ଛୁଡ଼ି
ନା ତୁ ପାରିବୁ ଛାଡ଼ି, ନା ମୁଁ ପାରିବି ଏଡ଼ି

କଢ଼ିରେ କଢ଼ି, ମୋର ଗୋଲାପ କଢ଼ି
ରାତି ଯାଉଚି ବଢ଼ି
ଖାଲି ବାଜୁଚି ରୁମୁଝୁମୁ ତୋ' ହାତ ଚୁଡ଼ି

ଆହା, ପୀରତି ଆମର ଗଣିତ ପଢ଼ି
ନିତି ମିଶାଇ ନିତି ପୁଣି ଦେଉଚି ଫେଡ଼ି
ହେଲା ନ ହେଲୁ ପଛେ ଆମେ ମାଣିକଯୋଡ଼ି
ହେଲେ ସ୍ନେହର କଳ କିଏ ଦେଇଚି ମୋଡ଼ି
ନା ଏ ହେବ ସଜାଡ଼ି, ନା ଏ ହେବ ବିଗାଡ଼ି

କଢ଼ିରେ କଢ଼ି, ମୋର ଗୋଲାପ କଢ଼ି
ଗଲେ ନଜର ଲଢ଼ି
ସବୁ ମୁହଁରେ ଯିବ ବଳେ କୋଲପ ପଡ଼ି

ଭୁଲ୍

ତା'ର ଏମିତି ଚାହିଁବାର ନ ଥିଲା
ତା'ର ଭଲ ବି ପାଇବାର ନ ଥିଲା
    ଯଦି ଭୁଲି ଯିବାର ଥିଲା

ମେଘ ଏମିତି ଝରିବାର
ମାନେ ନାହିଁ
ଯଦି ମାଟି ଭିଜେ ନାହିଁ
ମହୁ ଏମିତି ସରିବାର
ମାନେ ନାହିଁ
ଯଦି ଓଠ ଭିଜେ ନାହିଁ

ତା'ର ଏମିତି ହସିବାର ନ ଥିଲା
ତା'ର ଗୀତ ବି ଗାଇବାର ନ ଥିଲା
    ଯଦି ଲୁହ ଦେବାର ଥିଲା

ଜହ୍ନ ଏମିତି ଚାହିଁବାର
ମାନେ ନାହିଁ
ଯଦି ସେ ସପନ ନାହିଁ
ମନ ଏମିତି କାନ୍ଦିବାର
ମାନେ ନାହିଁ
ଯଦି ସେ ଜଳନ ନାହିଁ

ତା'ର ଏମିତି ଖେଳିବାର ନ ଥିଲା
ସବୁ ସଁପି ଦବାର ବି ନ ଥିଲା
    ଯଦି ଲୁଟି ନେବାର ଥିଲା।

ପର

ଦୁନିଆରେ ଯିଏ ମୋର ଅତି ଆପଣାର
କହିବାକୁ ପଡ଼େ ପୁଣି ତାକୁ ସାତ ପର

ଯତନରେ ଛବି ତା'ର ଅଂକାଇବି ମୁହିଁ
ସାଇତିବି ମନ ତଳେ, ଲୁଚାଇବି ନେଇ
ରାତିରେ ତ ନିରେଖିବି ଆଲୁଅ ଜଳାଇ
ଦିନରେ ଦେଖିଲେ ଅଛି ଦୁନିଆର ଡର
କହିବାକୁ ହେବ ତେଣୁ ତାକୁ ସାତ ପର

ଯଦି ସିଏ ହୋଇଥାନ୍ତା ବନର ମଇନା
ସୁନା ପଞ୍ଜୁରିରେ ଦେଇ ମୁକୁତାର ଦାନା
ରଖନ୍ତି ସାଇତି, କରି ପାଳିବା ବାହାନା
ସେ କିନ୍ତୁ ମଣିଷ, ତେଣୁ ମଣିଷର ଡର
କହିବାକୁ ହେବ ତେଣୁ ତାକୁ ସାତ ପର

ଆଖି

ନିଜେ ମୁଁ ନିଜକୁ ଚିହ୍ନିବା ପାଇଁକି
ତାକୁ କରିଥିଲି ଆଖି
ଚିହ୍ନି ନ ଚିହ୍ନିବା କାରିଗରୀ ହେଲେ
ଜାଣିଥିଲା ତା'ର ଆଖି

ଏମିତି ବି ଥିଲା, ଥରେ କେବେ ଯଦି
ହୋଇଗଲେ ଦେଖାଦେଖି
ଆଖିକୁ ନ ଚାହିଁ ନିଜ ପାଦ ନଖେ
ଅଟକୁଥିଲା ତା' ଆଖି

ମନେ ଭାବିଥିଲି ତାକୁ ସୁଖୀ କରି
ନିଜେ ଅବା ହେବି ସୁଖୀ
ଲୋଭ ତା'ର ଦେଖି ପ୍ରମାଦ ଗଣୁଚି
କପାଳେ ଲାଗୁଚି ଆଖି

କେବେ ମିଳେ ସେଠି ଆଶାର ଇସାରା
କେବେ ଅବା ଖାଲି ଫାଙ୍କି
ତା'ଠାରୁ ବେଶି ଠକି ଜାଣେ ସତେ
ମଦଭରି ତା'ର ଆଖି

ଯଦିଓ ତା'ଠାରୁ ପାଇବାକୁ ଆଉ
ପ୍ରାୟ କିଛି ନାହିଁ ବାକି
ତଥାପି ଭୁଲିନି ତାକୁ ମୁଁ ଏ ଯାଏଁ
କହୁଚି ଛୁଇଁ ମୋ ଆଖି

ଇଟିକିଲି ମିଟିକିଲି

ଇଟିକିଲି ମିଟିକିଲି
ଗୀତ ଠାରୁ ଆସି
ଆଧୁନିକ ଯାଏ, ଯାହା ଗାଇଲି
ଧୂଳି ଖେଳ ବାଲିଘର
ଠାରୁ ଆଜି ଯାଏ
କହ ତୁମ ମନ କାହିଁ ପାଇଲି !

ଦିନ ଥିଲା ଆମେ ଥିଲୁ, ଛୋଟ ଛୋଟ ପିଲା
ସୁନା ଗିନା, ରୁପା ଗିନା ଧରି କଲୁ ଖେଳା
ତୁମେ ଥିଲ ମୁଁ ଥିଲି ଆଉ କିଏ ଥିଲେ
ସେ ଖେଳ ନିୟମ ମୋର ମନେ ନାହିଁ ପଡ଼େ

ତୁମେ କିଂତୁ ସବୁବେଳେ
ଜିତୁଥିଲ ସେଠି
ବାରବାର ମୁଁଇ ଏକା ହାରିଲି !

ଆମେ ସବୁ ବଡ଼ ହେଲୁ, ଜୋଛନାର ରାତିରେ
ଜହ୍ନ ବି ଲାଗିଲା ନୂଆ ବୟସର ତାତିରେ
ତୁମେ ଥିଲ ମୁଁ ଥିଲି ଆଉ କିଏ ଥିଲେ
ତୁମରି ବାହାନା ଖାଲି ମୋର ମନେ ପଡ଼େ

ଫଳ ହେଲା, ଜୀବନର
ଦଉଡ଼ାରେ ତୁମେ
ବଳିଗଲ, ମୁଁ କାହିଁ ପାରିଲି !

ପଚାରନା ମତେ

ଯେ ଦିନ ଦେଖିଲା ପ୍ରଥମ ସପନ
ଏଇ ମୋ ଆଖି
ଯେ ଦିନ ଚିହ୍ନିଲା ପ୍ରଥମ କଂପନ
ଏଇ ମୋ ଛାତି

ପଚାରନା ମତେ,
କେମିତି ଥିଲା ସେ ଦିନ, ସେ ରାତି
ପ୍ରତି ଦିନ ଥିଲା ଭଲ ପାଇବାର ଦିନ
ପ୍ରତି ରାତି ଥିଲା ଭଲ ଲାଗିବାର ରାତି

ସେ ଦିନ ତ ଆଗେ, ଦେଖାଚାହାଁ ଛାଡ଼
ନାଆଁ ଶୁଣୁ ଶୁଣୁ ଖୁସି
ମିଳିବାର ଠାରୁ ପାଇବାର ଲୋଭ
ଘାରିଥିଲା କେତେ ବେଶି
ଦିନ ରାତି ଥିଲା, ନାଲି ନେଳି ଗାର
ଭରା ଅତରର ଶିଶି

ପଚାରନା ମତେ,
କେମିତି ଥିଲା ସେ ଦିନ, ସେ ରାତି
ପ୍ରତି ଦିନ ଥିଲା ଗୁଣ ଗୁଣିବାର ଦିନ
ପ୍ରତି ରାତି ଥିଲା ଗୁଣ ଗାଇବାର ରାତି

ଆଜି ସିନା ମୋର, ଦୟା ପାଇ ପାଇ
ଦୟା ଦେଖାଇଲା ଜଣେ
ଖୋଜିବାର ଠାରୁ, ହଜିବା ଭିତରେ
ବେଶି ରହିଗଲା ମାନେ
ତଥାପି ତ ଦିନେ ସୁନେଲି ରୁପେଲି
ଲାଗିଥିଲା ଏଇ ମନେ

ପଚାରନା ମତେ,
କେମିତି ଥିଲା ସେ ଦିନ, ସେ ରାତି
ପ୍ରତି ଦିନ ଥିଲା ମନେ ରଖିବାର ଦିନ
ପ୍ରତି ରାତି ଥିଲା ମନେ କରିବାର ରାତି

ବନ ମୟୂରୀ

ବନ ମୟୂରୀ ନାଚେ
ତା ଝୁମ୍ ତା ଝୁମ୍ ଝୁମ୍
ଆକାଶେ ଆକାଶେ ଆଜି
ଉଠିଚି ଅଧୀରେ ମାତି
ଗହଳ ମେଘର ଘୁମ୍ ଘୁମ୍

ରିମ୍ ଝିମ୍ ରିମ୍ ଝିମ୍
ବରଷାର ସିତାରରେ
କିଏ ସେ ଆଳାପ କରେ
କେହି ନାହିଁ ନାହିଁରେ
ସିମ୍ ସିମ୍ ସିମ୍ ସିମ୍
ଝାଉଁବନ କବରୀରେ
ପବନ ଆଂଗୁଠି ସବୁ
ଥରେ ରହି ରହିରେ

ପବନେ ପବନେ ଆଜି
ଲାଗିଯାଏ ବଣଭୋଜି
ତାରାର ମହଲ ଗୁମ୍ ସୁମ୍

ହାତୀ ସଜ କର ୩୩

ଭୁରୁ ଭୁରୁ ଭୁରୁ ଭୁରୁ
ବାଦାମୀ ମାଟିର ବାସେ
ତୁମରି ରେଶମୀ ମୁହଁ
ବୁଲେ ମୋର ଆଶେ ପାଶେ
ଗୁରୁ ଗୁରୁ ଗୁରୁ ଗୁରୁ
ଝଡ଼ର ମାଦଳ ବାଜେ
ମହଲେ ମହଲେ ଆଜି
ମାୟାବିନୀ ନିଶି ସାଜେ

ଲୋହିତ ବିଜୁଳି ସତେ
ମୋ ଛାତିର ଲହୁ
ଅବା ତୁମରି ମଥାର କୁଙ୍କୁମ

ଜହ୍ନରାତି

ସୁନା କଂଚି କି ରୁପା କଂଚି
ଜହ୍ନ ଦେଉଚି ଚାନ୍ଦିନୀ ବିଂଚି
ଏ ସହର ସାରା
କାଳୀ ଲାଗୁଚି ଶ୍ୟାମଳୀ
ଆଉ ଶ୍ୟାମଳୀ ଲାଗେ ଗୋରା
ଆଉ ଗୋରୀ ଦେହ ତ ଜୋଛନାରେ
ଚନ୍ଦ୍ରଉଦିଆ ତୋରା

କାଳୀ ଝିଅର ଆଖିରେ ଅଛି ହରିଣୀ
କେଉଁ ବନର ଶିକାରୀ ହେବ
ତା ପାଇଁ ବାଟ ବରଣୀ
ଶ୍ୟାମଳୀ ଝିଅ ଦେହରେ ଅଛି ଝରଣା
ଏଇ ବୟସରେ ମା'ଠୁ ବେଶି
ଶିଖୁଚି ଘରକରଣା

ଆଉ ଗୋରୀ ଝିଅ ତ ବିଜୁଳି
ଘର ଭିତରେ ଗେହ୍ଲା
ମିନିଟିକେ ଯାଏ ବଦଳି

ତାକୁ ରଖିପାରିଲେ ହେଲା
କାଳୀ ଝିଅର ଦେହଟି ଭରା କଳସୀ
ଭିତରେ ଟିକେ ଖୁଜୁ ବୁଜୁ
ଉପରେ ପୂରା ତୁଳସୀ
ଶ୍ୟାମଳୀ ଝିଅ ଆଖିରେ ଅଛି ଭଉଁରି
ଅନେଇ ଦେଲେ ହେଉଚି ମନ
ଯିବାକୁ ନଇ ପହଁରି

ଆଉ ଗୋରୀ ହେଲେ ହଲ୍‌ଚଲ୍
ଖସିପଡୁଚି ତାରା
ଜଳି ଉଠୁଚି ଝଲ୍‌ମଲ୍
ଆଲୁଅ ରାସ୍ତା ସାରା

ଯେଉଁଠି ଲାଗିଲା ମନ

ଯେଉଁଠି ଲାଗିଲା ମନ
କାନ୍ଦିବାକୁ ସେଇଠାରେ
ବହୁ ଉପାଦାନ

ଏମିତି ହିସାବୀ ନିଆଁ
ସଜନୀ ତୁହି
ମୁଁ ଜଳିବାକୁ ଚାହିଁଥିଲି
ଜାଳିଲୁ ନାହିଁ

ଯେଉଁଠି ଲାଗିଲା ମନ
ମିଛ ହେଲା ସେଇଠାରେ
ବହୁ ଅନୁମାନ

ସଜନୀ ଦେଖିନି ମୁହିଁ
ସୁଅର ଭିଡ଼
ନିହାତି କୂଳରୁ ମୋର
ଖସିଲା ଗୋଡ଼

ଯେଉଁଠି ଲାଗିଲା ମନ
ଭାଗ୍ୟର ସେଇଠାରେ
ବହୁ ଅଭିମାନ

ବାବୁସାହାବ

ମୁଁ ଯାଉଥିଲି ଟହଲି ଟହଲି

ଦେଖି, ଚହଲି ପଡ଼ିଲୁ ତୁହି

ପହିଲି ପହିଲି ଦେଖା ହେଉ ହେଉ

ତୋର ଏତିକି ଛଇଲୀ ଛଇ

ମୋର ପରଜାପତିଆ ନିଶ

ତୋର ଲାଗି ହେଲା କାଳଫାଶ

ଦେଖି ଦେଇ ମୋ ଫିରିଙ୍ଗୀ ଟେରି

ତୋର ସବୁ କାମ ହେଲା ଡେରି

ମୋର ସାଆନ୍ତିଆ ନାଲି କୁଂଚ

ତୋର ମନ କରିଦେଲା ଉଂଚ

ମୁଁ ଯାଉଥିଲି ଦୋହଲି ଦୋହଲି

ଦେଖି ଟାହୁଲି କରିଲୁ ତୁହି

ପହିଲି ପହିଲି ଦେଖା ହେଉ ହେଉ

ତୋର ଏତିକି ଛଇଲୀ ଛଇ

ମତେ ଦେଖିଦେଲୁ ଯେବେ ଥରେ
ତୋର ପାନିଆ ପଡ଼ିଲା ତଳେ
ତୋର ପାଦରେ ଅଳତା ଅଧା
ତୋର ସୁନ୍ଥା ହୋଇ ନାହିଁ ସିଧା
ତୋର କଳା ମାଛ ପରି ଆଖି
ତା'ର ଲାଂଜି ତ ଗଲାଣି ବାଂକି

ମୁଁ ଯାଉଥିଲି ଚିକି ଚିକି ହୋଇ
ଦେଖି, ପିଚିକି ପଡ଼ିଲୁ ତୁହି
ପହିଲି ପହିଲି ଦେଖା ହେଉ ହେଉ
ତୋର ଏତିକି ଛଇଳୀ ଛଇ

ଚଢ଼େୟା

ଚଢ଼େୟା, ମତେ ତୁ ଧରି ନେ ରେ
ଧରି ନେଇ ପଛେ
ପାଣିକି ପକେଇ ଦେ ରେ
ମତେ ନିଆଁକୁ ପକେଇ ଦେ

ଏଠି ତ ଦୁନିଆ ଡର
ତହିଁ ପରେ ଲୋକଙ୍କ ଜୁର
ଖୋଜି ଖୋଜି ମୁଁ ତିନିପୁର
ପାଇଲିନି ରହିବା ଘର
ଏମିତିକା ସୁରିଲା ସୁର
ସତେ ନାହିଁ ଆଉ କାହାର

ମତେ ପଛେ ଧରି ନେଇ
ଟେକି ଦେ'ରେ ହାତେ କାର
ଯିଏ ସୁନା ପିଲା ପରି
ମାନିବରେ କଥା ମୋର

ଚଢ଼େୟା ତୁ ଯା’ନି ଚାଲି
ଜୀବନ ମୋ ତତଲା ବାଲି
ଆଜି ଭଳି ଦିନ ନାଲି
ପାଇବୁନି ଆଉ କାଲି
ମତେ ପଛେ ଯିବୁ ଭୁଲି
ବିକିଦେବୁ କାହାକୁ ବୋଲି

ଯିଏ ମୋର କାନ୍ଦଣାରେ
ଟିକିଏ ତ ଯିବ ହଲି
ଯିଏ ସୁନା ପିଲା ପରି
ପଂଝୁରିକୁ ଦେବ ଖୋଲି

କୁଟୁ କୁଟୁ କାଠ

କୁଟୁ କୁଟୁ କାଠ କାଟଇ କରତ
ତତେ ମୁଁ ଭାବୁଚି ଅନବରତ
କି ଖରା ବରଷା ଗରମ ଶୀତ

ଧନୁରୁ ଛୁଟିଲା ତୀର ପରି ତୋର
ଆଖି
ଅଜଣା ଅଶୁଣା ନଈକୂଳେ ନେଲା
ଡାକି
ଘାଟ ପାଖେ ମତେ ଏଇନା ଆସୁଛି
କହି
ସୁନାର ଇଲିଶି ହୋଇ ଭାସିଗଲା
କାହିଁ

ତୋ ସମ ଚତୁରୀ
ଦେଖୁନି କିଶୋରୀ
ଖୋଜି ଆସିଲି, ସରଗ ମରତ

ଫୁଲରେ ତିଆରି ମାଳା ପରି ତୋର
ବାହୁ
ଗଳାରେ ମୋହର ଫାଶ ପରି ପଛେ
ଥାଉ
ଇସାରା ତୋହର ଏତେ ଟିକେ ଗଲେ
ମିଳି
ଦିନ ହେବ ସାନ ରାତି ଯାଉଥିବ
ବଢ଼ି

ଆକାଶର ତାରା
ହାତେ ଦେବ ଧରା
କିଏ ଲୋଡ଼ିବ, ସରଗ ମରତ

ବିପଦ

ମନ ଭାବୁଚି ଯାହା
କହିବା ନୁହେଁ
ସେତିକି ସହଜ
ଯଦି ଲୁଚାଏ ଦୋଷ ଲାଗିବ
ଖୋଲି କହିଲେ ବିପଦ

ମୁଁ ତ ଅଂଧାର ଘରେ
ଏକାକୀ ଦୀପ
ଅନେକ ପତଂଗ
ମୋର ଜଳିଲେ ଦୋଷ ଲାଗିବ
ପୁଣି ଲିଭିଲେ ବିପଦ

ପ୍ରେମ ଏମିତି ଏକ
ବଣିକ ତା'ର
ଅନେକ ଖାତକ
ଦେଲେ ପାଉଣା ଦୋଷ ଲାଗିବ
ଋଣ ରଖିଲେ ବିପଦ

ତାକୁ ଦେଖିଲେ ଥରେ
ଭୁଲିବା ନୁହେଁ
ନିଜର ଅଧୀନ
ହେଲେ ଚାହିଁଲେ ଦୋଷ ଲାଗିବ
ଆଖି ନଇଁଲେ ବିପଦ

ଖାଲି ଦୁଇଟି ଦିନ
ଚିହ୍ନାରେ ହୁଏ
ଏମିତି ଦରଦ
ଏଣେ ଭୁଲିଲେ ଦୋଷ ଲାଗିବ
ମନେ ରଖିଲେ ବିପଦ

ଏ'ତ ଏମିତି ଏକ
ଦୁନିଆ ଯା'ର
ତୁଳନା ଅଳପ
ଏଠି ମରିଲେ ଦୋଷ ଲାଗୁଚି
ପୁଣି ବଂଚିଲେ ବିପଦ

ଦୀପ

ଜଳାନା ଦୀପ ଆଉ
ରୂପ ତୋର ସେମିତି ଜଳେ
ସକାଳ ସଂଜ ଜଳେ
ଘର ଜଳେ ସହର ଜଳେ

କାହାର କବରୀରୁ
ଫୁଲ ଏଠି ପଡ଼ିଚି ତଳେ
ମହକ ତା'ର ଧୀରେ ଧୀରେ
ମୋର ଦୁନିଆ ଜାଳେ

ତୁ ନ ଥିଲେ ଗୋ ମୋର
କିବା ଲୋଡ଼ା ଆକାଶ ଦୀପ
ତୁ ଆସିଲେ ମୋ ପାଖେ
ଶତ୍ରୁ ଜଳେ ମିତ୍ର ଜଳେ

ନା ମୋର ଅହଂକାର
ନା ତାହାର ବାହାନା ଚଳେ
ଏମିତି ପ୍ରେମ ଆମ
ଦୁହିଁଙ୍କର ଭିତରେ ଜଳେ

ପବନ ବୁଝା ଭଲା
ମୋ ଅବୁଝା ବାଳିକାକୁ
ଜାଳୁଚି ଦୀପ ସେଠି
ଏଠି ମୋର ହୃଦୟ ଜଳେ

ଲୁଚାଛପା

ଲୁଚାଇ ସତେ କି ପାରିବୁ କିଶୋରୀ
ଗୋପନେ ମୋ କଥା ଛାତିରେ ନେଇ
କହ କି କରିବୁ ଫୁଟିଲେ ମୁଁ ତୋର
ବଗିଚାରେ ହୋଇ ଯୂଇ କି ଜାଇ

ନ ହେଲା ବା ତୋର ପ୍ରେମ ନ ମିଳିଲା
ମୋ ଲାଗି ଦିନର ଗୋଲାପ ହୋଇ
କହ କିବା କ୍ଷତି ଫୁଟିଲେ ମୋ ଘରେ
ନିଶୀଥରେ ହୋଇ ଯୂଇ କି ଜାଇ

ଫୁଲର କିଶୋରୀ ଫୁଲରେ ତିଆରି
ଭ୍ରୂଲତା କି ତୋର ଫୁଲର ଧନୁ
ଫୁଲର ନାମରେ ଡାକିବି ଭାବିଚି
କହ କି ଡାକିବି, ଯୂଇ କି ଜାଇ

ମାନିଲି କରୁଚୁ ଫୁଲର ବଣିଜ
କିଶୋରୀ ଗୋପନ ନଜରେ ତୋର
କି ଫୁଲ କିଣିବୁ ମଲ୍ଲି କି ମାଳତୀ
ହେନା କି ସେବତୀ ଯୂଇ କି ଜାଇ

ରତନୀ, ପାଟପତନି

ରତନୀ
ପାଟପତନି
ତା'ର ବରଗଛ ମୂଳେ ଘର
ବାପ ଜାଣି ନାଇଁ
ମାଆ ଜାଣି ନାଇଁ
ନେଇଗଲା ବୁଢ଼ା ବର

୧

ବାପ ଯାଇଥିଲା
କାଠ କାଟିବାକୁ
ମାଆ କାଢୁଥିଲା ପାଣି
କେଉଁଠୁ ଆଇଲା
ଅଦିନ ପବନ
ହାତ ଧରି ନେଲା ଟାଣି

ରତନୀ
ପାଟପତନି
ତା'ର ଭାବିବାକୁ ନାହିଁ ଡର
ଅନାଇ ଦେଖିଲା
ଆକାଶର ଛାତି
ବିଦାରେ ମାଟିଆ ଚିଲ

୨

ବାପ କାଟି ଦେଲା
ହାତର ଆଂଗୁଠି

ମାଠିଆ ଭାଂଗିଲା ମାଆ
ଝାଉଁଳି ପଡ଼ିଲା
ବର ପତର ଗୋ
କାଉ ରାବି ଦେଲା କାଆ

ରତନୀ
ପାଟପତନି
ତା'ର ଛାତିରେ ଛାତିଏ ଡର
କଣେଇ ଚାହିଁଲା
ପାକୁଆ ପାଟିରେ
ପାନ ଖାଏ ବୁଢ଼ା ବର

୩

ନେଲା ପଛେ ନେଲା
ଯା' ହେବାର ହେଲା
ଏତିକି କଷଣ ଦେଲା
କେଉଁ ଅତୁଠରେ
ବଣିଜ କଲା ଯେ
ଘର ମୁହଁ ନ ଦେଖିଲା

ରତନୀ
ପାଟପତନି
ତା'ର ଚାହିଁ ଚାହିଁ ଯାଏ ବେଳ
କିଏ ସେ ଜାଣିଚି
କେବେ ଦିଶିଯିବ
ପାଦଟି ଧୂଳି ଧୂସର

ଚଂପା

ନାଆଁଟି ତା'ର ଚଂପା
ମୁହଁରେ ତା'ର ଫଗୁଣଟିଏ
ହୋଇଚି ସତେ ଅଂକା

ବାସ୍ନା ତା'ର, ଗୋଧୂଳିର
କବରୀରେ ମିଶି ଯାଇ
ମୋ' ରାତିର, ଆକାଶେ ଜଳେ
ସାତ କୋଟି ତାରା ହୋଇ

ଦୂରର ଝାଉଁବଣରେ ତା'ର
ଶବ୍ଦ ଚାପା ଚାପା

ନଖରେ ସେ, ଟାଣିପାରେ
ଗାର କେତେ ଫଗୁଣର
ଇସାରାରେ, ବାଜି ଉଠେ
ରକ୍ତରେ ଘୁଂଗୁର

ଦେହଟି ତା'ର ଅଜଣା କେଉଁ
ରଂଗର ଲଫାପା

ଥରେ କେବେ, ମତେ ସିଏ
ଚାହିଁଚି କି ଚାହିଁ ନାହିଁ
ମତେ ଲାଗେ, ଅବା ସବୁ
ଲୁଟି କରି ଗଲା ନେଇ

ମୋ ଛାତିର ରକ୍ତରେ ତା'
କୁଙ୍କୁମର ଟୋପା

ଦୁଷ୍ଟ

ଦୁଷ୍ଟ

ଚୋରା ଚଇତି ପରି ଆସେ ସେ
ଝଡ଼ ପରି ଯାଏ
ତା'ର କୁହୁ ଗୀତ ଶୁଣୁ ଶୁଣୁ
ବେଳ ତ ଗଡ଼ିଯାଏ
ଏଣେ ବୟସ ବଢ଼ିଯାଏ

ଆରେ, ଝଡ଼ ତ ବାଲି ଉଡ଼ାଏ
ସେ ଉଡ଼ାଏ ରକତ
ଯିଏ ଉଜୁଡ଼ା ଘର ସଜାଡ଼େ
ଇୟେ ସେମିତି ନୁହଁ ତ

ଯଦି ଛିଟ ଛିଟ ଫୁଟାଏ ଫୁଲ
ଜହର ଉଠିଯାଏ

ଚୋରା ଚଇତିଠାରୁ ଅଝଟ
ଚୋରା ପୀରତି ଅଡୁଆ
ତା'ର କପଟ ଆସି ଝପଟ
ଭାଂଗେ ସପନ କୁଡ଼ିଆ

ତା'ର ଗଉଁ ଲାଗେ ଛାତିରେ
ତେଣେ ନଜର ଲାଗିଯାଏ

ତୁମ ପରି

ଆଜିକାଲି ସପନରେ ଆସେ ଜଣେ ଝିଅ
ତୁମ ମୁହଁ ପରି ଟିକେ ଦିଶେ ଯା'ର ମୁହଁ
ଚାହେଁ ପୁଣି ତୁମ ପରି ଏମିତି,
ତାକୁ ବାଟ ଭାଂଗି ଚାଲିଯିବା ନିହାତି ଦୁରୂହ

ତୁମରି ଭ୍ରୂଲତା ତା'ର, ତୁମ ପରି ବାସ୍ନା
ହେଲେ ହେବ ତୁମ ଠାରୁ ଆଉ ଟିକେ ସାଦ୍ଦନା
ତୁମ ପରି ଦୁଷ୍ଟାମି ବୋଲା ତା'ର ଦେହ

ଆଜିକାଲି ସପନରେ ବେଶି ଆଖି ଭିଜେ
କେଉଁଠି ହୃଦୟ ହଜେ, କେଉଁଠି ମୁଁ ଖୋଜେ
ଉଠିଲା ବେଳକୁ ଶୁଖି ଯାଇଥାଏ ଲୁହ

ଅବୁଝା ବାଳିକା

ଅବୁଝା ବାଳିକା
ତୁ କି ଜାଣୁ, ତୋର ଲାଗି
କେତେ ଝୁରେ ଏକା ଏକା

ବୁଝି ବୁଝୁ ନାହୁଁ, ନ ବୁଝି ବୁଝୁଚୁ
କେମିତି ଅବୁଝା କହ
ଯେତିକି କିଶୋରୀ ସେତିକି ଚତୁରୀ
ସହିବ କାହାର ଦେହ

ତୋର ସ୍ନେହ, ଛାତି ସାରା
ଦିଏ ମିଠା ମିଠା ରକା

କେତେ ଯେ ଆଇନା, ଭାଂଗି କଲୁ ଚୂନା
କେତେ ଆଶା କଲୁ ଧୂଳି
ଗୋଟିଏ ନଜର, ସେତିକିରେ ମୋର
ଓଜର ନେଲୁ ତୁ କଳି

ତୁ ଏଣେ ଗଲେ ଛନକା
ତୁ ତେଣେ ଗଲେ ଦକା

ଅବୁଝା ବାଳିକା
ତୁ କି ଜାଣୁ, ତୋର ବିନା
କେତେ ଫୁଲ ହୁଏ ଫିକା

ହାତୀ ସଜ କର ୫୫

କଟକ ସୁନ୍ଦରୀ

ମାଛ ହେଲା କଟା
                    ବେସର ହେଲା ବଟା
ଦେହରେ ତୋର ଲାଗିଚି ବୋଲି
                    ବୟସର ଛିଟା
ତୁ ପକଉଚୁ ଉଠଉଚୁ ସାରା କଟକଟା

ଟାଇଁ ଟାଇଁ ଖରା, ପୁଣି ବରଷା ଅସରା
ତୋର ମୋର ପୀରତି ତ, କଟକ ଦଶରା
ଷଷ୍ଠୀଦିନ ଦେଖିଲି ତୋ' ଦାଉ ଦାଉ ଚେହେରା
ସପ୍ତମୀରେ କରତି ହେଲା ଛାତି ରାତିସାରା

ଦହି ହେଲା ଖଟା
                    ଦିଅର ଭାଉଜ ଥଟ୍ଟା
ଅଷ୍ଟମୀରେ ଲାଗିଗଲା
                    ପୀରତିର ଅଠା
ଆମେ ପକେଇଲୁ ଉଠେଇଲୁ ସାରା କଟକଟା

କଟକ ସାରା ଜାକଜମକ ରାସ୍ତା ସାରା ଲୋକ
ତୋର ମୋର ଭେଟ ଲାଗି ଛାତି ଧକ ଧକ
ନବମୀର ଦିନ ରାତି କଷ୍ଟ ହେଲା ବଡ଼
ଦଶମୀର ବଢ଼ିଗଲା ସହର ସାରା ଭିଡ଼

ଆସିଗଲେ ତଣ୍ଟିକଟା
ଚଟ୍‌ପଟ୍ ଗଣ୍ଠି ଫିଟା

ଏ'ଠୁ ପଳାରେ ଭାଇ !

କଳାଜାଇ

କଳାଜାଇରେ,
ତୋ' ପରିକା ଭାଗ୍ୟ ମୋର କାହିଁ
ଦିନ କଟିଲା ରାତି କଟିଲା
ତୋରି ଆଡ଼କୁ ଚାହିଁ

ଟିକିଏ ଦେଲେ ଠାରି ମତେ
ମୁଁ ତୋ'ରି ସାଂଗରେ ଯିବି
ଲାଜ ସରମକୁ ମାନ ମହତକୁ
ପାଣିରେ ପକେଇ ଦେବି

କଳାଜାଇରେ,
ତୋ ଜାଗାରେ ମୁଁ ଥାଆନ୍ତି ଯଦି
ପାଦକୁ ଦିଅନ୍ତି ଝୁମୁରୁ ଝୁଣ୍ଟିଆ
ହାତକୁ ଦିଅନ୍ତି ମୁଦି

ତୋ'ପରି ମୋ ମନର କଥା
ଯଦି ସେ ପାରିବ ଜାଣି
ବଜାରକୁ ଯାଇ ହଜିଲା ବୟସ
ଦଣ୍ଡକେ ଆଣିବ କିଣି

କଲାଜାଇରେ,
ପାଖରେ ଅଛୁ, କାନରେ ଟିକେ କହ
ତା' ପାଇଁ ମୁଁ ଛାଡ଼ିଆସିଲି
ରାଇଜ ଯାକର ମୋହ

ବଣିଜ ଗଲା ବୋଇତ ଗଲା
ତଥାପି ମାଗିବୁ ଯଦି
ଯାହା ନ ମିଳିବ ମୋ କତିରେ
ପଛେ ଉଧାର ଆଣି ମୁଁ ଦେବି

ତିନିଟି ଝିଅ

ଟିକ୍ ଟିକ୍ ଟିକ୍ ଟିକ୍
        ଘଣ୍ଟା କଣ୍ଟା ମିନିଟି
ଝିଅ ଦେଖିଲି ତିନିଟି

ଦୁଇଟା ଝିଅ ଫେରି ଚାହିଁଲେ
ଚାହିଁଲା ନାହିଁ ଜଣେ
ଯେଉଁ ଝିଅଟି ଚାହିଁଲା ନାହିଁ
ସେଇତ ମନ ଟାଣେ

ଦୁଇଟା ଝିଅ ହସା ହସି
ଜଣେ ହସିଲା ଅଧା
ଯେଉଁ ଝିଅଟି ହସିଲା ଅଧା
ସେଇଠି ଅସୁବିଧା

ଦୁଇଟା ଝିଅ ଖଜର ବଜର
ଗୋଟିଏ ଝିଅ ତୁନି
ଯେଉଁ ଝିଅଟି ତୁନି
କଲା ସବୁଠୁ ବେଶି ହାନି

ଦୁଇଟା ଝିଅ ଗୋରା ଗୋରା
ଗୋଟିଏ ଝିଅ ସାବ୍‌ନା
ଯେଉଁ ଝିଅଟି ସାବ୍‌ନା
ମୋର ତା'ରି ପାଇଁ ଭାବନା

ସୁନାର ଝରଣା

ସୁନାର ଝରଣା ମୋର, ଝରୁ ଝରୁ ଗଲୁ ଶୁଖି
ଏବେ ବି ଆସନ୍ତୁ ଯଦି ଜୀବନ ତଥାପି ବାକି

ତୋ'ପାଇଁ ହୋଇଲି ଯୋଗୀ
ମାଗିଗଲି ଥାଳ
ଯେଉଁ ଡାଳେ ହାତ ଦେଲି
ଭାଂଗିଲା ସେ ଡାଳ
ଦୁଃଖ ସିନା ଦୁହିଁଙ୍କର, କହ କିଏ ବେଶି ଦୁଃଖୀ

ଗଳେ ଦେଲି ଚନ୍ଦ୍ରହାର
ମଥାରେ ଅଳକା
ରୂପରେ ହୋଇଲା ତୋର
ଆଇନା ଜଳକା
ତୁ ତ ଦେଲୁ ଶେଷେ ମତେ, ସତର ହାଟରେ ବିକି

ଆଜି ପୁଣି ଶୁଝା ହୁଏ
ପୁରୁଣା କରଜ
ଆଜି ପୁଣି ଜଳି ଉଠେ
ପୁରୁଣା ଦରଜ
ଅଲେଖା କାହାଣୀ ମୋର, ଚାଲିଗଲୁ ଅଧା ଲେଖି

ଏବେବି ଆସଂତୁ ଯଦି

ମତେ ସାଇଲା

ମତେ ସାଇଲା ସାଇଲା
ତୋର ନାକର ଗୁଣା
ମୋର ମହତ ଖାଇଲା
ତୋର ନାକର ଗୁଣା
ନାକର ଗୁଣା, ତୋର ଟିକି ଗହଣା
ମତେ ସାଇଲା

କଟକ ଦେଖି ଆସିଲୁ ଗୋରୀ
ବୟସ ଅଳପ
ବଜାରଟାରେ ହଜେଇ ଦେଲୁ
ନାକର ନୋଳକ
ବାଟ ଉଗାଳି ପୁଲିସବାଲା
ମାଗିଲା ଠିକଣା
ମତେ ଧରି ନେଇଗଲା ଥାନା
ମତେ କଲା କେତେ ତନାଘନା
ତୋର ନାକର ଗୁଣା

ଦିନରେ ଦିଶୁ ଗୋଲାପୀ ଗୋରୀ
ରାତିରେ ଦିଶୁ ଗୋରା
ନାକର ଗୁଣା ହଜେଇ ତୋର
ବରଣ ମଉଳି ଗଲା
ଦୁଇଟା ଦିନେ ଦିଶୁଚୁ ଏତେ
ସାବନା ସାବନା
ମୋର ମନ ହେଇଯାଏ ଊଣା
ଭଲା ମତେ ବା ଥାଆନ୍ତା ଜଣା
ତୋର ନାକର ଗୁଣା

ଗୋଡ଼ରେ ଅଛି ଝୁଣ୍ଟିଆ ଗୋରୀ
ହାତରେ ଅଛି ବାଲା
ଝୁରି ଝୁରିକା ନାକର ଗୁଣା
ମୁହଁ ପଡ଼ିଚି କଳା
ଖୋଜି ବସୁଚୁ ମିଛରେ ଯାଇ
ଶୋଇବା ଘର ଠଣା
ତୋର ଦିଅର ଟିଣିଟିଣା
ତତେ ଦିଏ କେତେ ଉଲୁଗୁଣା
ତୋର ନାକର ଗୁଣା

ପ୍ରେମ ରହିଗଲା ବାକି

ସ୍ନେହ ତ ବହୁତ ମିଳିଲା ଜୀବନେ
ପ୍ରେମ ରହିଗଲା ବାକି
ବହୁବାର ଜିଇଁ ବହୁବାର ମରି
ଶିଖିବା ରହିଲା ବାକି

ନିଜ ହାତେ ଥିଲୁ ଦୁଇ ଜୀବନର
ଦୁଇଟି କାହାଣୀ ଲେଖି
ତା' ନିଜର ସିଏ ଛପାଇ ରଖିଲା
ମୋର ରହିଗଲା ବାକି

ଛାତିର ଦରଜ ଛାତି ତ ଲୁଚାଏ
ଲୁଚାଇ ପାରେନା ଆଖି
ପ୍ରେମର ମଉଜ ଚାଖିବା ତ ଛାଡ଼
ଦେଖିବା ରହିଲା ବାକି

ଦିନେ ଏ ଦୁନିଆ ତା'ର ପାପ ଲାଗି
ମତେ କରିଯିବ ସାକ୍ଷୀ
ପ୍ରତିଫଳ ସବୁ ସହଜେ ମିଳିବ
ପ୍ରତିଦାନ ହେବ ବାକି

ଜାଣୁ କି ନ ଜାଣୁ, ତା' ପ୍ରେମର
ଏତେ କରଜ ଥିଲି ମୁଁ ରଖି
ଦୁଇ ହାତେ ଯେତେ ଖରଚ କଲେ ବି
ତଥାପି ରହୁଚି ବାକି

ଗାଁ ଏକଣାରେ

୧

ଗାଁ ଏକଣାରେ ଅତି ଛୋଟ ଏକ କୁଡ଼ିଆ
ହେଲେ ବି ଗାଁର ସବୁ ଘର ଠାରୁ ବଢ଼ିଆ

ସେଇଠି ଥାଏ ସେ ନିରୋଳା ଝିଅ
ସବୁ ମୁହଁ ଠାରୁ ନିଆରା ମୁହଁ
ତାରା ସୂରୁଯରେ ଜହ୍ନ ପଦୁଅଁ
ଜାଗର ରାତିରେ ନିଦୁଆ ସୁଅ

ପହିଲି ଦେଖାରେ ମନ ହୋଇଗଲା ଅଡୁଆ
ଯେଣୁ ଅତି ଶରଧାରେ ପାନ ଦେଇଥିଲା ବିଡ଼ିଆ

୨

ଦୁଇ ଆଖିରେ ତା ଭାସୁଚି ଦୁଇଟି ଦୁନିଆ
ଯାହା ଘରେ ଯାଏ, ତା'ଘରେ ନିଇତି ସୁନିଆ

ହସିଲେ ଓଠରେ ମୁକୁତା ହସେ
କାନ୍ଦିଲେ ଆଖିରୁ ହୀରା ବରଷେ
ରାଗିଲେ ଦେହରୁ ଉଲ୍କା ଖସେ
ଯେମିତି ଦେଖିଲେ ସୁନ୍ଦର ଦିଶେ

ଉପରେ କହେ ମୁଁ ସତେ ମୁଁ କି ତୋର ମାନିଆ
ତେଣେ ଭିତରେ ଭାବେ, ସେ ହୁଅନ୍ତା କି ମୋର କନିଆ

୩

ଅତି ବେଶିରେ ସେ ଷୋଳ କି ସତର ବରଷ
କେଜାଣି କାହିଁକି ତା'ଲାଗି ଛାତି ମୋ ପରାସ

ନିତି ଡାକେ ନିତି କେବଳ ଫେରେ
ଜିତିବି ବୋଲି ମୁଁ କେବଳ ହାରେ
ଅଟକାଇ ଦେଲେ କହେ ସେ, ଆରେ !
ନୂଆ ନୂଆ ବୋଲି ଛାତି ମୋ ଥରେ

ଭାଗ୍ୟ ମୋ ଥିଲା କେଶ ପରି ତା'ର ଉଆଁସ
ଏଣେ ପୀରତିରେ ତା'ର ଗୋଟାପଣେ ମୁଁ ବେହୋସ

ସପନ ସୁନ୍ଦରୀ

କହଲୋ ସପନ ସୁନ୍ଦରୀ
ତୋ' କଥାରେ ଥାଏ
ଏତେ ଭଲା କିଆଁ ଛନ୍ଦରି ମନ୍ଦରି

ତୋର ପାନ ବୋଳା ଓଠ ଖାଲି
ଜିଣେ ନୂଆ ସୂରୁଯର ନାଲି
ତୋର ଆଖିର କଜଳ ଗାର
ଜିଣେ ହରିଣୀ ଆଖିର ଶିରୀ

ତୋ' ରୂପ ଅଗନି କେମିତି,
ଦହୁଚିରେ ଆଜି
କହ ଭଲା ମତେ ଘୋଷାରି ଓଟାରି

ତୋର କି ଅବା ଅଛିଲୋ ଦକ
ମୁଁ ତ ନାଗ ମୁହେଁ ଦିଏ ବୋକ
ମତେ ଚଉଦ ଗାଁର ଲୋକ
ତୋର ଲାଗି କଲେ ଅବିବେକ

ନାହିଁ ନ ଥିବା ତୋ' ଚାତୁରୀ
ପୀରତିରେ ତୋର
ପଡ଼ିଥାନ୍ତି ଯଦି ପଚାରି ଉଚାରି

ନିଦ

କଥା ଥିଲା ଦିନେ ନିରୋଳାରେ ଟିକେ
ହିସାବ ନିକାଶ ପାଇଁ
ତା' କଥା ଦେଖ, ବେଳ ଦେଖି ସିଏ
ନିଦରେ ପଡ଼ିଲା ଶୋଇ

ଆଜି ତ ଏମିତି ଚାହୁଁଚି ଯେମିତି
ଜମା କିଛି ଜାଣି ନାହିଁ
ତାକୁ ଭଲା କିଏ ଉଠାଇବ ଯିଏ
ଚେଇଁ କରି ଥିବ ଶୋଇ

ମୁଁ ତ ପାଦକରୁ ଦି' ପାଦ ବଢ଼ିଲେ
ଛାଇ ବି ଉଠୁଛି ଡେଇଁ
ତା' ଇସାରାରେ ଦୁନିଆ ପଡୁଚି
ସାନ ପିଲା ପରି ଶୋଇ

ସ୍ୱପ୍ନ ମୁଁ ମୋର ନିଆଁରେ ଜାଳିଲି
କାହାର ଦୁହାଇ ଦେଇ
କିଏ ସେ କହିବ, ଯିଏ କହିଥାଂତା
ସିଏ ତ ପଡ଼ିଚି ଶୋଇ

କହି ବସିଲେ ତ କଥା ସରିବନି
ରାତି ରାତି ଯିବ ପାହି
କାହାକୁ କହିବି ଭାଗ୍ୟ ତ ମୋର
ଖରାବେଳେ ଗଲା ଶୋଇ

ପ୍ରାଣ ସଜନୀ ଗୋରୀ

ପ୍ରାଣ ସଜନୀ ଗୋରୀ
ମୋ ନୟନ ତତେ ଭଗାରି

ହାତ ମୁଦି ଦେଲି ଝାଇଁକି ଝଗଡ଼
ଗୋଡ଼ ମୁଦି ଦେଲି ନିଦା
ଶୋଇଲା ଶେଯରେ ନେହୁରା ହେଉଚି
ଆଉ ବାପ ଘର ନ ଯା

ଝୁରି ହେଉଥିଲେ ବରଷ ବରଷ
ତତେ ଝୁରି ହେଉଥିବି
ଥରେ ଭୁଲିଗଲେ ତ୍ରେତୟା ବିତିବ
ଆଉ ମନେ ନ କରିବି

ତୁ ତ ଉଡ଼ିଗଲା ଭଦଭଦଲିଆ
ତୋର କି ଲୋଡ଼ା ଲୋ ଘର
ପରକୁ କରିବୁ ଆପଣା କେବେ ତୁ
ଆପଣାକୁ କରି ପର

ଗଲାଣି ତ ଗଲା କଥାରେ ସଂଗାତ
ଏଇନା ହସିବୁ ଯଦି
ପାହାନ୍ତା ହେଲେ ବି ଭାବିବି ଆହୁରି
ଅଧେ ରାତି ଅଛି ବାକି

ପ୍ରାଣ ସଜନୀ ଗୋରୀ
ମୋର ନୟନ ତତେ ଭଗାରି

କାଇଁଚ ମାଳି

କାଇଁଚ ମାଳି ସଜନୀ କାଇଁଚ ମାଳି
ଆଜି ନ ହେଲେ କାଲି ଖେଳିବି
ତୋ' ସାଂଗେ ଲୁଚକାଳି

ବଉଳ ମାଳା ସଜନୀ ବଉଳ ମାଳା
ମୋ କପାଳେ ଚନ୍ଦନ ଟୋପା
ତୋ ଆଖିରେ କଳା

ମୋ ଦୁଆର ଦରଆଉଜା
 ତୋ' ଦୁଆର ଖୋଲା
ତୋ' ପାଉଁଜି ରୁମୁକୁ ଝୁମୁ
 ମୋ କାନେ ବାଜିଗଲା

ରୁପା ଆଇନା ସଜନୀ ରୁପା ଆଇନା
କେଉଁ ଗଳିରେ ହଜାଇ ଦେଲୁ
ସୁନା ରୁପାର ଗିନା

ତୋ ପାଦରେ ଝୁଣ୍ଟିଆ ବାଜେ
 ମୋ ବାହୁରେ ଚୁଡ଼ି
ଯାଉଚି ଯିଏ ଚାହୁଁଚି ସିଏ
 ପଛକୁ ଫେରି ଫେରି

ରେଶମୀ ଜରି ସଜନୀ ରେଶମୀ ଜରି
ମୋ ଘରଠୁ ତୋ' ଘର ଯାଏ
ଲାଗିଚି ସ୍ନେହ ଡୋରି

ତୋ ପୁଅକୁ ବର କରିବା
ମୋ ଝିଅକୁ ବୋହୂ
ମୋ ଘରର ପାଟପଟନି
ତୋ ଘରକୁ ଯାଉ

ଯିବା କଟକ ସଜନୀ ଯିବା କଟକ
ସୁନା ପାଲିଙ୍କି ରୁପା ପାଲିଙ୍କି
ଦେବାଲୋ ଯଉତୁକ

ତୁ ନୁହେଁ

ଆକାଶରେ ତାରା ନୁହେଁ ମଲ୍ଲିଫୁଲ ଫୁଟିଛି
ତୋ ମୁହଁରେ ତୁ ନୁହେଁ, ସ୍ୱର୍ଗ ମୋ ଦିଶୁଛି

ଅନେକ ମିଛରେ ଟିକେ ସତ ଥାଏ ତଥାପି
ଅନେକ ଫାଙ୍କିରେ ତୁ ଯେ ଆଶା ଟିକେ ତଥାପି
ଜହ୍ନରୁ ଚାନ୍ଦିନୀ ନୁହେଁ ଲାଜ ତୋର ଝରୁଛି
ତୋ ଆଖିରେ ତୁ ନୁହେଁ, ମୁଁ ନିଜେ ଜଳୁଛି

କେତେ ଫିକରରେ କରିଦେଲୁ ମତେ ଖାତକ
ଏଇନା ତୋ ମନ ମୋର ଜୀବନର ଜାତକ
ଏ ଦୀପରେ ନିଆଁ ନୁହେଁ ଅତୀତ ମୋ ଜଳୁଛି
ତୋ ଦେହରେ ତୁ ନୁହେଁ, ଦୁଷ୍ଟାମୀ ହସୁଛି

‌# କୁହାଟ

କୁହାଟ

ଚିରିଦିଅ ଚିରିଦଅ ବହିର ମଲାଟ
ଭାଙ୍ଗିଦିଅ ଭାଙ୍ଗିଦିଅ ଘରର କବାଟ
ଠିକ୍ ଦିନ ବାରଟାରେ ହୁଅ ଏକଜୁଟ
ଏକ ଦୁଇ ତିନ୍ ଯେବେ ଶୁଭିବ କୁହାଟ
ମୁନିଆଁ ଜୋତାରେ କଣା କରିଦିଅ
ପୁରୁଣା ପୃଥିବୀ ପେଟ

ଆଖି ନାହିଁ କାନ ନାହିଁ ଠିକ୍ ଦିନ ବା'ର
ଠିକ୍ ଦିନ ବାରଟାରେ ଆସିବେ ଈଶ୍ୱର
ରିକ୍ସା ନାହିଁ ଫିକ୍ସା ନାହିଁ ଘୋଡ଼ା କି ମଟର
ଲୋକ ନାହିଁ ଫୋକ ନାହିଁ ଠିକ୍ ଦିନ ବା'ର
ରାସ୍ତାରେ ଚାଲନ୍ତି ଖାଲି ଦୁଇଟି କୁକୁର
ଈଶ୍ୱର କୁଆଡ଼େ ଯିବେ, କେଉଁଆଡ଼େ ବାଟ
କାନ୍ଥସାରା ଲେଖା ଅଛି ଆଜି ଧର୍ମଘଟ

ଯେତେ ଯାହା ଭଙ୍ଗାରୁଜା ଛିଣ୍ଡା କି ଦଦରା
ଆଜି ଦିନ ବାରଟାରେ ହେବ ତା ଉଝୁଲା
ଯେତେ କଳାକୋଟ୍ ବାଲା, ଜ୍ୟୋତିଷ ଓ ବୁଢ଼ା
ପାଚେରି ପାଖରେ ହେବେ ଧାଡ଼ି କରି ଛିଡ଼ା

ଦିନ ବାରଟାରେ ହେବ ଘୋଷିତ ଏ ବାଣୀ
ମୂଷା ଏଠି ସବୁଠାରୁ ବୁଦ୍ଧିମାନ୍ ପ୍ରାଣୀ
ପୃଥିବୀରେ ଅନାହାରେ ମରନ୍ତି ମଣିଷ
ମୂଷା କିନ୍ତୁ ଖୋଜିନିଏ ଠିକ୍ ଖାଦ୍ୟ ଶସ୍ୟ

ଫିଙ୍ଗିଦିଅ ଭାଙ୍ଗିଦିଅ ଅଛି ଯା ପୁରୁଣା
ତିନିଗୋଡ଼ ଚଉକି ବା ଛିଣ୍ଡା ମସିଣା
ତା'ଠାରୁ ଆହୁରି ହୀନ
ତୁମର ଏ ବିଲୁଆ ବିଚାର
କୁମ୍ଭୀର କାନ୍ଦଣା ଆଉ ଯେତେ ଭାଲୁ ଜର

ବସୁ ପଛେ ହାଟ
ପଡୁ ପଛେ ଛାଟ
ରାଗିଲେ ରାଗନ୍ତୁ ପଛେ
ନିଜେ ବଡ଼ଲାଟ
ଉଚ୍ଚ କର ନିଜର ଲଲାଟ
ମୁନିଆଁ ଜୋତାରେ କଣା କରିଦିଅ
ପୁରୁଣା ପୃଥିବୀ ପେଟ

ଆଲୋ ମିନି

ହଁ କଲେ ତତେ ପଚାରିବି, ଆଲୋ ମିନି
ମାଳତୀ ଫୁଲରେ ଭରିଥିଲୁ ପରା କାନି
ଶ୍ରାବଣ ଶ୍ରାବଣ, ବଡ଼ଇ ଦାରୁଣ
ଅମାପ କଷଣ ଦେଇ କଲା ଖିନିଭିନି

ବାପା ତ ଉଦାସୀ ଉଛୁର କଚେରି ସଦା
ବୋଉ ପାଖେ କୋହ ଉଠି ଆସେ ଅଧା ଅଧା
ପଚାରିଲେ କିଏ, କହୁ ତୁ, 'ନାଇଁମ
ଆଖିରେ କଅଣ ପଡ଼ିଗଲା ଏଇଖିଣି'

ତୁଠ ପଥର ନା କାଠ ପଥର ତୁ ଆହା
ତାଙ୍କ ଠାରୁ ବଳି ଯାତନା ସହିଲୁ ଯାହା
କିଏ ଜାଣିଥିଲା, ତୋ ଆସିବା ଦେଖି
ସ୍ନେହର ବଜାରୁ ସରିଯିବ କିଣାକିଣି

ଓଡ଼ିଶା

କେବେ ନିଆଁ କେବେ ପାଣି
ଦେଖ ଖାଇଯାଏ ଓଡ଼ିଶା ଦେହକୁ
ଟିକି ଟିକି କରି ହାଣି

ସହଜେ ତ ନାହିଁ ଜୀବନ ଆଉ
ଝରିବ କେଉଁଠୁ ଲୁହ କି ଲହୁ
ଦୁଃଖିନୀ ଦେହରେ ଶିରା ହାଡ଼ମାଳ
ହୋଇ ଯାଉଅଛି ଗଣି

ଏମିତି ରାତି ସେ କେମିତି ରାତି
ତାରା ପଡ଼ିଥିଲା ଜାତିକି ଜାତି
କେଉଁଠୁ ଅଇଲା କଳା ବଉଦ
କଅଁଳା ପିଲାର ଭାଙ୍ଗିଲା ନିଦ
ଜୀବନ ସାରାର ସଂଚୟ ନେଲା
ନଇ ମୁହାଣକୁ ଟାଣି

କାହା ଗଳାମାଳି କାହା ଚଉଁରି
ପାଣିରେ ଖେଳୁଚି ଚକା ଭଉଁରି
ନଈ ନାଳ ବିଲ ବାଡ଼ି ପଡ଼ିଆ
ସବୁ ହେଲା ଏକାକାର ଦରିଆ
ଝଡ଼ର ମୁହଁକୁ ଶୁଖିଲା ପତର
ହୋଇ ଗଲା ପରି ଟାଣି

ନିଆଁରୁ ଭାଗେ ତ ପାଣିରୁ ଭାଗେ
ଓଡ଼ିଶା ଦେହରୁ ଅଧାର ମାଗେ
କିବା ରଜାଘର ମାଟିମଟାଳ
ଦୁଇଟି ଦିନରେ ପୂରୁଚି କାଳ
ମାଟିରେ ତିଆରି ଦେହକୁ ନେଉଚି
ମାଟିଆ ପାଣିକୁ ଟାଣି

ମଇନା

ମଇନା ଜଣେ ଝିଅର ନାଁ
        ଆଇନା ଦେଖେ ଖାଲି
ଦିନକୁ ଶହେ ସତର ଥର
        ରୂପସୀ ଟିକେ ବୋଲି

ବରଷା ହେଲେ ଝରକା ପାଖେ
        ଦେଖାଇ ଦିଏ ହାତ
ବଉଳ ଫୁଲ କାନରେ ଗାଏ
        କଅଁଳ କରି ଗୀତ

ମଇନା ଏକ ମହକ ଭରା
        କୁହୁକ ଫୁଲଦାନି
ଯେମିତି ତା'ର ଓଠରେ ମହୁ
        ପାପୁଲି ସାରା ଚିନି

ଏମିତି ଚାହେଁ ଯେମିତି ସିଏ
ଅଲଗା ସବୁ ମତେ
ବୟସ ତା'ର ଅଳ୍ପ ବୋଲି
ଗର୍ବ ସିନା ଏତେ

ମଇନା ଜଣେ ଝିଅର ନାଁ
ପଡ଼ଇ ବେଶି ମନେ
ଶ୍ରାବଣର ରାତିରେ ଅବା
ପତ୍ରଝରା ଦିନେ

ଗୋଟିଏ ସାରୀ

ଗୋଟିଏ ସାରୀ ଲାଗି
ମତେ କଲୁ ଏତେ ସରି
ସହସ୍ର ସାରୀରେ ଦେବି
ଭରି ତୋ' ପଞ୍ଜୁରି

ରକ୍ତ ଦେଇ ଜିଆଁଇଲି
ତୋ ଫୁଲର ବଗିଚା
ସ୍ନେହର ଡୋର ଦେଇ ବୁଣିଲି
ତୋ ଘର ଗାଲିଚା
ଆରେ, ଗୋଟିଏ ଫୁଲ ଲାଗି
ମତେ କଲୁ ହରବର
ସହସ୍ର ଫୁଲରେ ଦେବି
ଭରି ତୋ ନବର

ସୂର୍ଯ୍ୟକୁ ତୋର ପ୍ରହରୀ କଲି
ଜହ୍ନକୁ କଲି ସାକ୍ଷୀ
ରାତିର କଳା କଜଳ ଆଣି
ଆଂକିଲି ତୋ' ଆଖି
ଆରେ, ଗୋଟିଏ ତାରା ଲାଗି
ମତେ କଲୁ ଉପହାସ
ସହସ୍ର ତାରାରେ ଦେବି
ଭରି ତୋ ଆକାଶ

ବିଦେଶିନୀ

ବିଦେଶିନୀ, ତୋର ଆଖିରେ ଥିଲା କି ବିଷ
ଏ ବାହୁକୁ କଲୁ ଗଳାର ଗଜରା
            ସେ ବାହୁକୁ କଲୁ ଫାଶ

ଫୁଲ ପରି ଆଖି ଫୁଲ ପରି ଦେହ
            ଫୁଲରେ ପାପୁଲି ଭରା
ଫୁଲ ଡୋରି ଦେଇ ରଖିଲୁ ଜଡ଼ାଇ
            ଫୁଲ ପରି ଦେଲୁ ଧରା

କୁହୁକିନୀ, ତୋର କୁହୁକ ନ ହେଲା ଶେଷ
ସାରା ରାତି କଲୁ ଅପରୂପ ଯୁବା
            ସାରା ଦିନ କଲୁ ମେଷ

ନ ଜାଣିପାରିଲି ନାମ ଧାମ ତୋର
            ଠିକଣା କି କୁଳଶୀଳ
ନ ଜାଣିପାରିଲି ଗୋରା କି ସାବନା
            କି କେତେ ବୟସ ତୋର

ବହୁରୂପା, ତୋର ଦିନକୁ ହଜାରେ ବେଶ
ତୁ କିଏ ତତେ ଚିହ୍ନୁ ଚିହ୍ନୁ ମୋର
            ଦିନ ରାତି ହେଲା ଶେଷ

ମଧୁକ୍ଷରା

ମଧୁ ଝରୁ ଆକାଶରୁ ମଧୁ ଝରୁ ପବନେ
ମଧୁ ଝରୁ ତୋର ମୋର ନୟନେ ନୟନେ

ମଧୁ ଝରୁ ମଧୁ ଝରୁ ଫଗୁଣ ବନରୁ
ମଧୁ ଝରୁ ମଧୁ ଝରୁ ମାତାର ସ୍ତନରୁ
ମଧୁ ଝରୁ ଫୁଲବନେ କୋମଳ ଗୀତରେ
ମଧୁ ଝରୁ ତୋ' ଦେହର ହେମଂତ ଶୀତରେ

ମଧୁ ଝରୁ କୋଳାହଳେ ମଧୁ ଝରୁ ବିଜନେ
ମଧୁ ଝରୁ ତୋର ମୋର ନୟନେ ନୟନେ

ମୁଁ ତ ଉପବାସ ତୁ ମୋ ମଧୁର ପିଆଲା
ତୁ ତ ମଧୁମାସ ମୁଁ ତୋ ମଧୁର ବେହେଲା
ମଧୁ ତୋର ଅବୟବେ ମଧୁ ତୋର ବାହୁରେ
ମଧୁ ତୋର ଯାତନାର ଚୁମ୍ବନେ ଆଉରେ

ମଧୁ ଝରୁ ନୀରବରେ ମଧୁ ଝରୁ କୂଜନେ
ମଧୁ ଝରୁ ତୋର ମୋର ନୟନେ ନୟନେ

ନିରୋଳା ଝିଅ

ଆହା ସେ ବଡ଼ ନିରୋଳା ଝିଅଟିଏ
ନିରୋଳା ତା'ର ଆଖିର ଦୁଇ ପତା
ଡୋଳାରେ ତା'ର ମୌସୁମୀର ଚିଠି
ଫାଲ୍‌ଗୁନର ଦୁଇଟି ଭୂରୁ ଲତା

ହସିଲେ ହସ ମହମ ଗାଲ ଟିକ୍‌କେ ଯାଏ ଦବି
ମୁହଁରେ ତା'ର ପୁରୁଣା କେଉଁ ଉଜ୍ଜୟିନୀ ଛବି

ଆହା ସେ ଭାରି ମେଳାପୀ ଝିଅଟିଏ
ଗୋଲାପୀ ଯେତେ ଆଳାପ ଓଠ ସାରା
ଟିକିଏ କହି ଟିକିଏ ରହିଯାଇ
ରକ୍ତରେ ମୋ ଜଳାଇଦିଏ ତାରା

ନଖରେ ତା'ର ଜହ୍ନରାତି ଆଇନା ଜିକି ଜିକି
ହୃଦୟ ତଳେ ସୁନାର ଦୀପ ଜଳୁଚି ଚିକି ମିକି

ଆହା ସେ ଭାରି ଅଲଗା ଝିଅଟିଏ
ଅଲଗା ତା'ର କୋମଳ ଭୀରୁ ଠାଣି
ବୁଜିଲେ ଆଖି ବୁଝିଚି ବୋଲି ଲାଗେ
ଖୋଲିଲେ ଆଖି ପାରେନା କିଛି ଜାଣି

ଗଣିତ

ଏକ ଦୁଇ ତିନ୍
ମନ ପବନ ଘୋଡ଼ାରେ ନାହିଁ
ଲଗାମ ଅବା ଜିନ୍

ଦୁଇ ତିନ୍ ଚାର୍
ଦୁଆର ପାଖରେ ପହରାବାଲା
କେମିତି ହବା ପାର ?

ତିନ୍ ଚାର୍ ପାଞ୍ଚ
ମୋ ହାତରେ ଅଛି ରାଜାଙ୍କ ମୁଦି
କିଏ ସେ କରିବ ଯାଞ୍ଚ୍

ଚାର୍ ପାଞ୍ଚ ଛଅ
ଦୀପ ଆଲୁଅରେ ଛାଇ ପଡୁଚି
କେମିତି ଯିବା କହ ?

ଛଅ ସାତ ଆଠ
ପାଦରେ ପଡ଼ିଚି ସୁନା ଜଞ୍ଜିର
କେମିତି କାଟିବୁ କାଟ୍ ?

ସାତ ଆଠ ନଅ
କମର ପଟିରୁ ଧାରୁଆ ଛୁରୀ
କାଢୁଚି ଟିକିଏ ରହ

ଆଠ ନଅ ଦଶ
ତାରା ଗଣୁ ଅଛି ପହରାବାଲା
ଏଇ ମଉକାରେ ଖସ୍

ତାରା, ଫୁଲ

ଏତେ ତାରା ଏତେ ଫୁଲ
କିଏ ଦେବ ତା'ର ମୂଲ
ଯଦି ତୁମେ ନାହଁ ପାଖେ
ଜହ୍ନ ଲାଗିବ କି ଭଲ !

ଆସେ ତରୁଣୀ ଏ ରାତି
ହାତେ କାମନାର ମାଳା
ଫୁଲି ଫୁଲି ଜଳେ ନିଆଁ
ମନ ତଳେ ଲାଗେ ଜାଳା

ଆକାଶ କି ରୁପା ନଈ
ଜୋଛନା ଧଉଳା ତୋରା
ରେଶମୀ ମେଘର ତଳେ
ତାରା ଫୁଲ ଚଉତରା

ଯଦି ତମେ ତ ନ ଥିବ
ମୋ ମନ ଓଢ଼ଣା ତଳେ
ଯଦି ମୁଁ ହଜି ନ ଯିବି
ତମ ଆଖିର ଉହାଡ଼େ

ମିଛ ହେବ ଏ ସପନ
ମିଛ ତାରା ମିଛ ଫୁଲ
ମିଛ ଏ ରୂପସୀ ରାତି
କିଛି ଲାଗିବନି ଭଲ

ମୁଁ ଯଦି ଯାଆନ୍ତି ମରି

ମୁଁ ଯଦି ଯାଆନ୍ତି ମରି
ପାହାନ୍ତି ସପନ ପରି
ତୋ' ପାଖେ ଦି'ଦିନ ରହି
ଅପୂରା କାହାଣୀ କହି
ଫୁଲରୁ କାକର ପରି
ମୁଁ ଯଦି ଯାଆନ୍ତି ଝରି

ମୁଁ ମରି ଆଖିରେ ତୋର
ହୁଅନ୍ତି କଜଳ ଗାର
ପୁଣି ତୋ' କବରୀ ପାଇଁ
ହୁଅନ୍ତି ଯୂଇ କି ଜାଇ
କି ତୋର ଗଳାର ମାଳି
କି ତୋର କଳା ଟିକିଲି
କି ତୋର ଟିକି ରୁମାଲ
ସେଥିରେ ହୁଅନ୍ତି ଫୁଲ

ମୁଁ ଯଦି ଯାଆନ୍ତି ମରି
ଦୀପର ସଳିତା ପରି
ପହିଲେ ନିଭନ ହୋଇ
ଯାଆନ୍ତି ମଉନ ହୋଇ
ତୋ' ଆଖି ଲୁହର ପରି
ମୁଁ ଯଦି ଯାଆନ୍ତି ଝରି

ତୁ କେଉଁ ଘରର କୋଣେ
କି ମୂଷା ମାଟିର ବଣେ
ଶୁଅନ୍ତୁ କାନିକୁ ପାରି
ଭିତରୁ କବାଟ କିଳି
ଆସନ୍ତେ ବାପା କି ଭାଇ
ଉଠ ଲୋ, ଏ ଚାନ୍ଦମୁହିଁ
ହଜିଲେ ଦେବୁ ଖୋଜାଇ
ଭାଂଗିଲେ ଦେବୁ ଗଢ଼ାଇ

ତୁ ପୁଣି ମଉନ ରହି
କଜଳ ଲୁହରେ ଧୋଇ
ଭାବନ୍ତୁ ସେ ଯେଉଁ ଧନ
ଅଛି କି ତା' ଲେଉଟଣ

ଆଜି ଏ ହଜିଲା ଯାହା
ଆଉ କି ଫେରିବ ତାହା
ତା'ର ତ ତୁଳନା ନାହିଁ
କି ଲାଭ ମନ ସଜାଇ

ମୁଁ ଯଦି ଯାଆନ୍ତି ମରି
ଉଦାସ ପବନ ପରି
ଝରକା ଫାଙ୍କ ଦେଇ
କବରୀ ତୋର ଖେଳାଇ
ତୋ' ଆଖି ଲୁହ ଶୁଖାଇ
ଯାଆନ୍ତି ତତେ ବୁଝାଇ
ପୁରୁଣା ରଣ ଶୁଝାଇ
ମୁଁ ଯଦି ଯାଆନ୍ତି ମରି
ଛୋଟିଆ କାହାଣୀ ପରି

କିଛି ଲୋକ

କିଛି ଲୋକ, ଦେଇ ଜାଣନ୍ତି ଖାଲି ଦୁଃଖ
କିଛି ଲୋକ, ସହି ସହି ହସି ହସି
ପିଇଯାଆନ୍ତି ସବୁ ଦୁଃଖ

ଯେଉଁ ସପନ ଦେଖିଥିଲି ମୁଁ
ରାତିରେ କାଲି
ଆଜି ସକାଳେ ତାକୁଇ ନିଜେ
କବର ଦେଲି

ଆଶାର ଦୀପ, ଆଶାର ଶିଖା
ରଖିଲି ଜାଳି
କିଏ ସେ ଆସି ଲିଭାଇଦେଲା
ପକାଇ ଧୂଳି

ଯାହା ଥିଲା, ସବୁଠାରୁ ବଡ଼ ସୁଖ
ଏବେ କେହି ନାହିଁ, ନାହିଁ ବୁଝିବା ପାଇଁ
ମନ ତଳ ଶୋଷ ଭୋକ

ଶୋଇଯା ଜହ୍ନ ଶୋଇଯା ତାରା
          ମୁଁ ଶୋଇବି ନାହିଁ
ଆସିବ ଜଣେ କଥା ଦେଇଚି
          ରହିଚି ଚାହିଁ

ଏ ଯେଉଁ ଆଖି ସପନ ଛଡ଼ା
          କିଛି ଦେଖିନି
ସେଇ ଆଖିକୁ ଆଜି ତ ଟିକେ
          ନିଦ ଆସୁନି

ମନ କଥା, ବୁଝେ ମନର ନିଜ ଲୋକ

କେତେ ଦୂରେ କିଏ ଜଣେ ଅଛି, ସିଏ
ଶୁଣିବ ମୋର ଏଇ ଡାକ

ରାତି ପ୍ରିୟତମା

ପୁଣି ତ ଆସିଚି ଫେରି ପ୍ରିୟତମା ରାତି
ଜହ୍ନ ଆଲୁଅରେ ମୁହଁ ଦିଶେ ଛାଇ ଛାଇ
ଦୂରେ କେତେ ଦୂରେ ତୁମେ ସୁନାର ମାଳତୀ

ପୁଣି ଜହ୍ନ ଉଠେ ଧୀରେ ରୁପାର ମଇନା
ପୁଣି ଜଳିଉଠେ ହାୟ ଆଶାର ଆଇନା
ପାଦ ସାରା ନୂପୁର,
ହାତ ସାରା ଜହର
ମୁଁ ତ ଜାଣେ ଜାଣେ ତୁମେ ସବୁଦିନେ ଏମିତି

ପୁଣି ତ ସହର ଭରି ଜଳିଉଠେ ଆଲୋକ
ପୁଣି ଜଳିଉଠେ ପ୍ରେମ ଆଶା ଆଉ ବିବେକ
ରାତି ହୁଏ ରୂପସୀ
ବାହାନାର ପ୍ରେୟସୀ
ମୁଁ ତ ଜାଣେ ଜାଣେ ତୁମେ ସବୁଦିନେ ଏମିତି

ନାଟକ

ବଂଚିବାର ଯେତେ ବାସନା ସଖୀରେ
ମାନିବାକୁ ହେବ ମରିଲାଣି
ଜୀବନ ତ ଜମା ଆରଂଭ ହୋଇନି
କହିବାକୁ ହେବ ସରିଲାଣି

ଦୀପ ଜାଳିଦେଲି, ଜୀବନ ପ୍ରଦୀପ
ଭାବିଲି ଜଳିବ ଝଲସାଇ
ଛାତି ତଳେ ଯେତେ ଅଂଧାର ଜମିଚି
ଦବ ଅବା ସବୁ ତରଳାଇ

ଦୀପ ତ ଜଳୁଚି, ବତାସ ଡରରେ
କହିବାକୁ ହେବ ଲିଭିଲାଣି

ତୋ ଆଖି ଉପରେ ଭରସା କରି ମୁଁ
ତତେ ମାନିଥିଲି ଆପଣାର
ତୁ ମତେ ଚାହିଁଚୁ, ମୁଁ ବି ମାନୁଚି
ଆଜି ବି ତୁ ମୋର ଆପଣାର

ତଥାପି ବାହାରେ କହିବାକୁ ହେବ
ମୋ ଭଲ ପାଇବା ମରିଲାଣି

ଜୀବନ ମୋହର ଦୁନିଆ ସାଥିରେ
ଜାଣିଶୁଣି ଖେଳେ ଜୁଆଖେଳ
କିଏ ସେ ହାରୁଚି କିଏ ସେ ଜିତୁଚି
ସେ କଥା ରହୁଚି ଅଗୋଚର

ଜୀବନ ଜିତିଲେ ଦୁନିଆ ଡରରେ
କହିବାକୁ ହେବ ହାରିଲାଣି

ସୁନା ପାନିଆ

ଖରାଦିନେ ଶୀତ ହେଲା କନକନିଆ
ସଜନୀ, ତୋ ରୀତି ନୀତି ଦେଖି
ମୋର ଛାତି ହେଲା ବଡ଼ ଛାନିଆ
ଆହା ମୋର ସୁନା ପାନିଆ

ସଜନୀ, ଏମିତି ଖେଳ ଖେଳିଲୁ ଏକା
ମୋର ନାଲିପାନ ବିବି ଚିଢ଼ିଆ ଟିକା
ସବୁ ମରି ଏକାଥରେ ହୀନିମାନିଆ

ସଜନୀ, ଯାଆନ୍ତି ତତେ କେବେଠୁ ଭୁଲି
ଯଦି ଥରଟେ କାହାକୁ ଦେଖନ୍ତି ଖାଲି
ଟିକେ ତୋ' ଭଳି କଅଁଳ ଛନଛନିଆ

ସଜନୀ, ରହିଲା କେତେ କଥା ଆହୁରି
ଲୋଭ ଚନ୍ଦ୍ରକଳା ପରି ବଢ଼େ ମୋହରି
ଏଣେ ବାପଘର ତୋର ଟିକେ ଟିଣିଟିଣିଆ

ଆମେରିକା ଆବିଷ୍କାର

କଲମ୍ବସ୍
          କଟକକୁ ଆସ
ଆମ ପିଣ୍ଡାରେ ଦୁଇ ମିନିଟ୍ ବସ
କଟକକୁ ଆସ

ଖାଇବାକୁ ଦେବି, ନଡ଼ିଆର ରସ
କଟକକୁ ଆସ
ପିଇବାକୁ ଦେବି, ମହାନଦୀର ପାଣି
କଟକକୁ ଆସ
ପଢ଼ିବାକୁ ଦେବି, ଉତ୍କଳ କାହାଣୀ
କଟକକୁ ଆସ

କଲମ୍ବସ ନ ଥିଲେ ତୁମେ କେବେ
ଆମେରିକାର ଆବିଷ୍କାର
          ହୋଇ ନ ଥାନ୍ତା ତେବେ
ତୁମେ ଯଦି ଟପି ନ ଥାନ୍ତ ସିନ୍ଧୁ
କଟକର ପ୍ରେମିକାମାନେ ହୋଇ ନ ଥାନ୍ତେ
ଆମେରିକାର ବଧୂ
କଟକରେ ଲାଗୁ ନ ଥାନ୍ତା ଏକା
ଆଜି ଯଦି ନ ଥାନ୍ତା ଆମେରିକା

କଲମ୍ବସ୍
କଟକକୁ ଆସ
ଆମ ସାହିରେ ଦୁଇ ମିନିଟ୍ ବସ
ଦେଖିବ ଆମ ଦୁଃଖ ଆଉ ହସ
କଟକକୁ ଆସ

ତୁମ ଆମେରିକାରେ ଆକାଶଛୁଆଁ ଘର
ଆମ କଟକରେ ଚିନି ପାରାର ପର
ଆମେରିକାର ନାଇଟ୍ କ୍ଲବ୍
ଆମେରିକାର ହଟ୍ ଡଗ୍
ଆମେରିକାର ହାଇୱେରେ ଇଜି ରାଇଡ଼ର ପୁଅ
ପୁଣି ଆମେରିକାର ଜିନ୍‌ପିନ୍ଧା ସନ୍ନ୍ୟାସିନୀ ଝିଅ

ହେଲେ ଆମର ପ୍ରିୟ, କଟକ ସହର
କଟକକୁ ଆସ
ଫୁଟେ ସେଠି ଧବଳ ଟଗର
କଟକକୁ ଆସ
ଦେଖିବାକୁ ଦେବି, ତାରକସି କାମ
କଟକକୁ ଆସ
ଚାଖିବାକୁ ଦେବି ବକ୍ସିବଜାର ପାନ
କଟକକୁ ଆସ

କଲମ୍ବସ୍ ହୋଇ ନ ଥିଲେ ଦେଖା
ତୁମରି ସାଙ୍ଗେ ତୁମର ଆମେରିକା
କଟକର ଅବୁଝା ବାଳିକା
ଯାଇ ନ ଥା'ନ୍ତେ
ଏଠିକାର ଫୁଲ କିରି ଫିକା
ଆମକୁ କରି ଏକା

କଲମ୍ବସ୍
କଟକକୁ ଆସ
ଆମରି ପାନଦୋକାନ ପାଖେ ଦୁଇ ମିନିଟ୍ ବସ
କଟକକୁ ଆସ
ପଢ଼ିବ ଯଦି ଆମରି ଇତିହାସ
କଟକକୁ ଆସ

କିଏ ସେ ଦେଲା କଥା
କିଏ ଛୁଡ଼ିଲା କଥା
କାହାର କଥା ଭାସୁଚି ପବନରେ
କାହାର କଥା ଲୁହରେ ଲେଖା
ହୃଦୟ ଆଢୁଆଳେ
ଆଉ କେ ରହିଲା ବାକି
ଆଉ କେହି ନୁହେଁ ଦୁଃଖୀ
ସେମାନେ ତାଙ୍କ ସୁଖରେ ସୁଖୀ ତ
ଆମେ ଆମ ଦୁଃଖରେ ସୁଖୀ

ବାରମାସୀ

ଆଲୋ ମୋର ବାରମାସୀ ଚଢ଼େଇ
ଅଢେଇ ଦିନକୁ ବଢେଇ ପୀରତି
ଶେଷେ ଯାହା ଦେଲୁ ଗଡେଇ

ମତେ ଚାହିଁ ଦେଇ ଥରେ
କଡେଇ କଡେଇ
ନେଲୁ ସାନ ପିଲା ପରି
ଅଡେଇ ଅଡେଇ
ଆଜି ତୋ ଲାଗି ମୁଁ ମୀନ
ଆଉ ଏ ଜୀବନ
ତତଲା ତେଲର କଡେଇ

ତୋର ଅଧାର ଦେଲାରୁ
ବଡେଇ ବଡେଇ
ମୋର ଅଧାର ନେଲୁ ତୁ
ଛଡେଇ ଛଡେଇ
ତୁ ତ ଉଡି ଗଲୁ, ଗଲୁ
ଶେଷେ ଯାହା ଦେଲୁ
ଡେଣାରେ ମୋ ଘର ଉଡେଇ

ଦୁଇଟି ତାରାର ରାତି

ଦୁଇଟି ତାରାର ରାତି

ଦୁଇଟି ତାରାର ରାତି
ଗୋଟିଏ ତୁମର, ଆରଟି କାହାର ?
ଖୋଜୁ ଖୋଜୁ ରାତି ଗଲା ବିତି

ଆହା, କେତେ ହସ ହସେ
        କାଶ ଫୁଲ ସୁଦୂରେ
ଜହ୍ନ ଜାଳିଦିଏ କେତେ
        ମନ କହ ଅଧୀରେ

ଦୁଇଟି ଗୀତର ରାତି
ଗୋଟିଏ ତୁମର, ଆରଟି କାହାର ?
ଶୁଣୁ ଶୁଣୁ ସରିଗଲା ଗୀତି

ମୁଁ ତ ଯୁଗ ଯୁଗ ଚାହେଁ
        ଦୁଆରକୁ ଖୋଲା ରଖି
କାଳେ ଯିବ କେତେବେଳେ
        ଅଜାଣତେ ପାଦ ରଖି

ଦୁଇଟି 'ଆହା'ର ରାତି
ଗୋଟିଏ ତୁମର, ଆରଟି କାହାର ?
କହୁ କହୁ ଭରିଗଲା ଛାତି

ଜାଣେନା, କା' ଘର ?

ଜାଣେନା, କା' ଘର
ଏଇନା ଜାଳୁଚ ତୁମେ
ଉଜାଡି କାହାର ଜୀବନ ଏଥର
ଏଇନା ଫେରୁଚ ତୁମେ

ତୁମ ଖିଆଲର ନୀଳ ହାତ କା'ରେ
ଖେଳନା କରିଚି ଖୋଜି
କାହା ଲୁହେ ତୁମ ଶଂଖର ପାଦ
ଏଇନା ଯାଉଚି ଭିଜି
ସ୍ୱପ୍ନ କାହାର ଧୂଆଁରେ ମିଶାଇ
ଏଇନା ହସୁଚ ତୁମେ

ତମେ ତ ଜାଣିଚ ଉଲ୍ଲାସ କେତେ
ଯିବରେ ଦୂରକୁ ଉଡି
ମୁଁ ବି ଜାଣିଚି ଭଙ୍ଗା ଆଇନା
ହୁଏ ନାହିଁ ଆଉ ଯୋଡ଼ି

ହୁଏତ ମୋ'ର ପୁରୁଣା ଚିଠିକୁ
ଏଇନା ଚିରୁଚ ତୁମେ

ଜହ୍ନ, ତୁ ଦେଖ୍‌ନାରେ

ଏଇନା ଏଇନା ଚିହ୍ନା
ଏଇନା ଏଇନା ଜଣା
ଏଇନା କଥାରେ କଥାରେ
ତା'ର ନା ନା ନା

ଜହ୍ନ, ତୁ ଦେଖ୍‌ନାରେ
ଦେଖ୍‌ନାରେ ଦେଖ୍‌ନାରେ

ଏଇନା ସେ ସୁନା ଝିଅ
ଭାରି ମିଠା ମିଠା ମୁହଁ
ଜାଣେ ନାହିଁ ଆରା
ପୁଣି ତା'ର ଦୁଷ୍ଟାମି
ଡାକି ଆଣେ ମେଘ କେବେ
ଡାକି ଆଣେ ଖରା

ଏଇନା ବଉଳ ମାଳ
ଏଇନା ଗଳାର ହାର
ଏଇନା ଅଦେଖା ଅଦେଖା
ବନ ଝରଣା

ଆଖିରେ କଜ୍ଜଳ ଦେଲା
ନୟନ ଉଜ୍ଜ୍ୱଳ କଲା
ସବୁ ମୋ ପାଇଁ
ଏଇନା ହସିଲା ଯଦି
ଏଇନା କାନ୍ଦିଲା ଯଦି
ସବୁ ମୋ ପାଇଁ

ଏଇନା ପଞ୍ଜୁରି ଶାରୀ
ଏଇନା ଗଳାର ମାଳି
ଏଇନା ଅବୁଝା ଅବୁଝା
ବନ ମଇନା

ଜହ୍ନ, ତୁ ଦେଖନାରେ

ପ୍ରେମ ଯେବେ ଆସେ

ପ୍ରେମ ଯେବେ ଆସେ, ସେ'ତ ଏମିତି ନିଏ କିଣି
ସହର ହୁଏ ଫୁଲର ହାଟ ହାସ୍ନା ହେନା ବେଣୀ

ପ୍ରେମ ଯେବେ ଆସେ, ସେ'କି କୋମଳ ତରବାରି
ସ୍ୱର୍ଗେ ଲାଗେ ମଂଚେ ଲାଗେ ଏମିତି ଫୁଲ ଦୋଳି

ପ୍ରେମ ଯେବେ ଆସେ, ସେ'କି କୁହୁକ ଆଣେ ଡାକି
ଅସୁରୁଣୀର ମୁଣିରେ ସେ କି ରଜାପୁଅର ଆଖି

ପ୍ରେମ ଯେବେ ଆସେ ସେ'ତ ସାତରାତିର ନିଦ
କୁମାରୀ ମନ ଅତଳ ତଳେ ଗଭୀର ମନବୋଧ

ପ୍ରେମ ଯେବେ ଆସେ ଆଉ ଏମିତି ନିଏ କିଣି
ତୁମେ ତ ହୁଅ ମହୁର ଦେଶ, ଚିନିର ରାଜଧାନୀ

ଅଶୁଣା

ଝରଣା ହୋଇ ଆସି ସେ ଝଡ଼ ପରି ଗଲା ଚାଲି
ଜୋଛନା ପରି ହସି, ତମସା କରି ଗଲା ଚାଲି

ମୋ ସାଥେ ରାଜି ଥିଲା ଯେ ନରକ ଯିବ ବୋଲି
ସଲଖ ବାଟ ଅଳପ ବାଂକିବାରୁ ଗଲା ଚାଲି

ଆଳାପ ଅଳପ କରେ ସିନା ଆଖି ଧାର ଛୁରୀ
ଛବିଟି ପରି ଚାହିଁ, ଏ ଛାତି ଚିରି ଗଲା ଚାଲି

ଶୁଣୁଚି ଯିଏ କହୁଚି ଇୟେ ଅଶୁଣା କାହାଣୀ
ଫଗୁଣ କୁଆଡ଼େ ଫୁଲବନ ଜାଳି ଗଲା ଚାଲି

କେମିତି ହେଲା ବୁଝାରେ ମୋର ଛାତିର କଂପନ
ନୂପୁର ନାଇ ଆସି, ଜହର ଦେଇ ଗଲା ଚାଲି

ଅସରା

ଜାଣିଚି ଆସିବ, ଦିନେ ନା ଦିନେ ସେ
ଅସରା ହୋଇ
ନୀରବ ରାତିରେ ମଲ୍ଲିକା ପରି
ଇସାରା ଦେଇ

ମୁଁ ହେବି ତା'ର ମଥାର ଟିକିଲି
ସିଏ ହେବ ମୋର ଗଳାର ହାର
ଦୁହେଁ ଦୁହିଁଙ୍କର ଆଖିର ଆଇନା
ରକ୍ତରେ ଭରା ନୂପୁର ସୁର

ସ୍ନେହର ବିପଣୀ ରହିବ ତା' ଲାଗି
ଅସରା ହୋଇ

ମୋହ ହେବ ତା'ର କାନର ଝୁମୁକା
ଲୁହ ହେବ ତା'ର ଗଳାର ମୋତି
ରୁମୁଝୁମୁ ତା'ର ପାଉଁଜିରେ ମୋର
ବାଉଳା ଗୀତର ପଡ଼ିବ ଯତି

ବିହୁନେ ତାହାର ଝରିବ ବରଷା
ଅସରା ହୋଇ

ଅମେଳ

ମିଳାଇ ମିଳାଇ ପାଦ, ଚାଲୁଥିଲୁ ଦିନେ ଗୋରୀ
ଆଜି ସିନା ଗଲୁ ମିଳାଇ କାହିଁ
ତତେ କି ମିଳିଲା କହ, ମତେ କି ମିଳିଲା କହ
ଜଳୁଥିଲା ଦୀପ ଲିଭାଇ ଦେଇ

ଚାଲିଗଲୁ ବୋଲି ଦୁଃଖ ନାହିଁ ଯେତେ
ଦୁଃଖ ଖାଲି ମିଛ କହିଥିଲୁ କେତେ

ପୋଷିଥିଲୁ ମତେ ଗୋରୀ, ଯେମିତି ମୁଁ ଶୁଆସାରୀ
ନିଜ ହାତେ ମତେ ଅଧାର ଦେଇ
ତତେ କି ମିଳିଲା କହ, ମତେ କି ମିଳିଲା କହ
ଦି' ଦିନର ମିଛ ଆସରା ହୋଇ

ଯେତିକି ସପନ ରହିଥିଲା ବାକି
ଲୁହ ସାଂଗେ ସବୁ ଧୋଇଦେଲା ଆଖି

ତଥାପି ଆଇନା ଆଣି, ନିଜେ ମୁଁ ନିଜକୁ ପୁଣି
ଦେଖୁଚି ସତକୁ ସପନ କହି
ତତେ କି ମିଳିଲା କହ ମତେ କି ମିଳିଲା କହ
ପାରିଲୁନି ହେଇ କାହାରି କେହି

ଶ୍ରାବଣ

ଶ୍ରାବଣ ଅଂତରେ କାନ୍ଦେ
ବକୁଳ ଫୁଲର ଆକୁଳ ପବନ
ପଡ଼ିଚି ଝଡ଼ର ଫାନ୍ଦେ

ବନ୍ୟ ମେଘ, ଦେଖ କି ବେଗେ
ଅଗ୍ରସର
ଆଖିର ପତା, ଭିଜାଇଥିଲା
ଅନ୍ୟ ଥର

କେଉଁ ବନାନୀର ଗଂଧବହ
ରଜନୀ କରେ ଦୁର୍ବିଷହ
କସ୍ତୁରୀର ଗଂଧେ

ଈର୍ଷା ତୁମ ଘୁମୁରି ଉଠେ
ଆକାଶ ସାରା
ପ୍ରେମ ତ ମୋର ଏକାକିନୀ
ବନ୍ଧ୍ୟା ତାରା

ମେଘ ମେଘ ମେଘର ଗୀତ
ଝଲସି ଉଠେ ଅପ୍ରମିତ
ଭୈରବୀର ଛନ୍ଦେ

ବର୍ଷାରାତି

ଉଠିଛି ଝଡ଼
  ମେଘର ଭିଡ଼
କୁହୁଳି ଉଠେ ଛାତି

ତୁମରି ଘରେ
ଅନେକ ବେଳୁ
  ଲିଭିଛି ସବୁ ବତି

କ୍ଷୁବ୍ଧ ହୋଇ ପବନ ଯାକ
ଲିଭାଇ ଦେଲେ ତାରାର ଦୀପ
ଆକାଶି ଲୁହ ରକ୍ତ ପରି
  ପଡୁଛି ଟୋପି ଟୋପି

ଝଲସି ଉଠି ବିଜୁଳି କାହିଁ
ଦେଖାଇ ଦିଏ ତୁମରି ଛାଇ
ଅନ୍ଧକାରେ ଝରକା ପାଖେ
  ଚାହିଁଚ ମେଲି ଆଖି

ମୁଁ ତ ଏଠି ପତ୍ର ପରି
ଘୂର୍ଣ୍ଣି ଦେହେ ଯାଇଚି ଜଡ଼ି
ଜାଣିଚି ଖାଲି ସ୍ୱପ୍ନରେ ମୁଁ
  ଆସିବ ସାରା ରାତି

ଉଦାସେ

ଉଦାସେ ଫେରେ ଏ ରାତି
ଲିଭାଇ ହଜାରେ ବତି
କେମିତି ଭୁଲିବି କହ
ଯାହା ମୋ ନିଜର ଅତି

ସହଜ ଦେଖି ଏ ଛାତି
ଭରି ଯେ ଦେଲ ଦରଜ
ନା ବଂଚିବା ଲାଗେ ସହଜ
ନା ମରିବା ଲାଗେ ସହଜ
ଏଣେ ମୁଁ ଝୁରଇ ତେଣେ
ଝୁରଇ ମଧୁମାଳତୀ

ଯେଉଁଠି ରହେ ମୋ ଆଖି
ଜଳଇ ସେଇ କାହାଣୀ
ଜାଣେନା ଫେରିବ କେବେ
ନିରୀହ ତୁମ ଚାହାଣି
ମୋ ଘରେ ହସିବ କେବେ
ତୁମରି ଆଖିର ମୋତି

ସମୟ ଢେଉରେ

ସମୟ ଢେଉରେ ଭାସି ଭାସି ଆଜି
ଲହରୀ ଲହରେ ଗଲି ଖାଲି ହଜି
କେତେ ପଥ କେତେ ଅଜଣା ନଗରୀ
ବିଜନ ବନାନୀ ମାୟାମୟ ପୁରୀ

କେତେ ମନ, ବିମୋହନ
କେତେ ସପନ ତଳର ଢେଉ
ଗଲି ଛୁଇଁ, ଚାହିଁ ଚାହିଁ
ଲିଭିଗଲା ନୟନର ଆୟୁ

ମନର ମଣିଷ ମିଳିଲାନି ଖୋଜି
ଖାଲି ଏ ଜୀବନ ହାରିଯାଏ ବାଜି

ଢେଉ ତଳେ, ଯେବେ ଘୂରେ
ଭୁଲ କଲି ଅବା ବୋଲି ଝୁରେ
ସେ ତଟିନୀ, ମାୟାବିନୀ
ସୁଅ ଟାଣେ ନିଏ ଟାଣି ଦୂରେ

ନିଛକ ଛଳନାର ତ ସଜାସଜି
ଖାଲି ଏ ଜୀବନ ହାରିଯାଏ ବାଜି

ସଂଦେହୀ

ସଜନୀ ତୁ ଭାରି ସଂଦେହୀ
ତୋର ପଡୋଶୀ ନିହାତି ନିନ୍ଦୁକ
କାହା ଭରସାରେ ଖୋଲିଦେବି କହ
ଭରା ପୀରତିର ସିନ୍ଦୁକ

ଅଶୁଝା କରଜ କରିଚି ସଜନୀ
ଶୁଝିବାର ନାହିଁ ତାକତ
ଜୀବନ ଦେଇଚି ତମସୁକ କରି
ପରାଣ ରଖିଚି ବନ୍ଧକ

ବାମରେ ଚାହିଁଲେ ବାମରେ ରଖୁଚୁ
ଡାହାଣେ ଚାହିଁଲେ ଡାହାଣେ
ମୁଇଁ ଯାହା ଖାଲି ଏପଟ ସେପଟ
ତୋର ଖିଆଲର କନ୍ଦୁକ

ତୁ ବି ଜଳୁଚୁ ମୁଁ ବି ଜଳୁଚି
କେଉଁ ବିଚାରରେ ସଂସାର
ତତେ କରିଅଛି ଆକାଶର ତାରା
ମତେ କରିଅଛି ଗନ୍ଧକ

ତତେ ମିଳାଇଲା ମତେ ମିଳାଇଲା
କେଉଁ ନିୟତିର ବାହାଦୁରି
ମତେ କଲା ସରୁ ଲୁହାର ପାତିଆ
ତତେ କରିସାରି ଚୁମ୍ବକ

ପଡୋଶୀ ତୋହର ତୋପରି ଷୋଡଶୀ
ତୋହଠାରୁ ବେଶୀ ନିଷ୍ଠୁର
ଚାହାଁଣି ତୋହର ଛୁରି ହେଲେ
ତା'ର ଚାହାଣି ସତେ କି ବନ୍ଧୁକ

ପରଦେଶୀ ବନ୍ଧୁ

ପରଦେଶୀ ବନ୍ଧୁ ମୋର
ଯିବ ଉଡି ଉଡି କି
କିମ୍ପାଇଁ ବାନ୍ଧିଲି ମନ
ମିଛେ ତମ କତିରେ
ଛାତି ମୋ ହୁଏ ଖାଲି କରତି
ହାୟ, ତୁମ କଥା କେମିତି କେମିତି

ଏତେ କଥା ଥିଲା ମନେ ନଥିଲା ତ ଜଣା
ଏତେ ଲାଜ, ରାଗରୁଷା ଏତେ ବୁଝାମଣା
ଦିଦିନକୁ ତିନିଦିନ ହେଲି ମୁଁ ଅଲଣା
ବନ୍ଧୁ ଗଲା ଏଇବାଟେ ଆନର ଅଗଣା

ପରଦେଶୀ ବନ୍ଧୁ ତୁମେ
ଯିବ ଉଡି ଉଡି କି
କିମ୍ପାଇଁ ଦେଖିଲି ଜହ୍ନ
ତୁମ ସୁନା ଆଖିରେ
ସପନେ ହେଲା ଆଖି ଭରତି
ହାଏ ତୁମ କଥା କେମିତି କେମିତି

ଆହାରେ ସେବତୀ ଫୁଟେ କେତେ ଏକା ଏକା
ଆଉ କି ଏ ସହରରେ ହେବ କେବେ ଦେଖା
ଯଦି ଗୋ ମୋ ଠାରୁ ତୁମ ସମୟ ଦାମିକା
ଶେଯରେ ହଜିଲା କିଆଁ ମୋ କାନ ଝୁମୁକା

ପରଦେଶୀ ବନ୍ଧୁ ମୋର
ଯିବ ଉଡି ଉଡି କି
ଛାତି ହୁଏ ଛନ ଛନ
ଭାବିଲା ବେଳକୁ
ଏଡିକି ଯାତନାର ପିରତି
ଜାଣି ମୁଁ ନଥିଲି କହ କେମିତି !

ଝିନବସନା ସୁନ୍ଦରୀ

ଝିନବସନା ସୁନ୍ଦରୀ
ତୁମ ହୃଦୟର ଆଖେ ପାଖେ
ମୋହରି ସ୍ୱପ୍ନପୁରୀ

ତୁମେ ଛାଇଠାରୁ ଦୂରେ ଥାଅ
ପୁଣି ଆଖିଠାରୁ ପାଖେ ରୁହ
ଦୁନିଆର ସବୁ ଆଇନାରେ
ଦିଶେ ତୁମ ନିରାପଦ ମୁହଁ
ତୁମ କବରୀର ଆଖେ ପାଖେ
ମୋହରି ଇନ୍ଦ୍ରପୁରୀ

ଦେଖି ବିତିଯାଏ କେତେ ଋତୁ
ସରେ ନାହିଁ ମୋର ସ୍ୱପ୍ନ ଦେଖା
ଭୁଲି କୁହୁକର ଚାବିକାଠି
ତମେ ଚାଲିଆସ ଏକା ଏକା
ଦୁହେଁ କୁହୁଡ଼ିରେ ଜଳୁ ଏଣେ
ଅଖୋଲା ସ୍ୱର୍ଣ୍ଣପୁରୀ

ପତଳା ନିଦ

ପବନ, ମୋର ଝରକା ଦେଇ
ଆସିବୁ ଥିରି ଥିରି । ଶେଯରେ
ଯିଏ ଶୋଇଛି, ତା'ର ପତଳା
ନିଦ ଭାରି

ମୁହଁଟି ତା'ର ସକାଳ ପରି
ନିରୋଳା ଛଳ ଛଳ । ଆଖି ତ ନୁହେଁ
ଦୁଇଟି ଟୋପା କାକର ଟଳମଳ

ଆସିବୁ ଯଦି, ପାଉଁଜି ତୋର
ରଖିଦେ ତେଣେ ଖୋଲି
ଶେଯରେ ଯିଏ ଶୋଇଛି, ତା'ର
ପତଳା ନିଦ ଭାରି

ଆକାଶ ତାକୁ ଅନେକ ଦୂରୁ
ଅନେଇ ରହେ ଏକା । ରାତିର ଦେହେ
ତା'ରି ଲାଗି ତାରାର ଗୀତ ଲେଖା

ପବନ ତୋର କାହାଳୀ ଟିକେ
ବଜାରେ କମ୍ କରି । ଶେଯରେ
ଯିଏ ଶୋଇଛି, ତା'ର
ପତଳା ନିଦ ଭାରି

ସୀତା

ଗଡ଼ି ଗଡ଼ି ଯାଏ ଶଗଡ଼
        ଆଉ ବଢ଼ି ବଢ଼ି ଯାଏ କଥା
ଆମେ ଦୁଇ ଭାଇ ଜଗତ ଜିତା
ଦୁହିଙ୍କ ମଝିରେ କନକ ସୀତା

ଇନ୍ଦ୍ରନୀଳମଣି ଘର ଯେ
ଆକାଶଛୁଆଁ ନଅର
ସେଠି ଥାଏ ଯେଉଁ ସହୀ ସୁନାଗୋରୀ
ଆଜି ତା'ର ବାହାଘର
ସିଏ ହସିଲେ ଝରଇ ମାଣିକ
        ଆଉ କାନ୍ଦିଲେ ଖାଲି ମୁକୁତା

ଏଡ଼େ ଅପରୂପ ଦିନ ଯେ
ଚହଟି ପଡୁଚି ଆଭା
ଗୋରୀ ମୁହଁ କେତେ
        ଚନ୍ଦ୍ରଉଦିଆ ଲୋ
ଚନ୍ଦ୍ରସୂର୍ଯ୍ୟ ଦେଖି କାବା
ତା'ର ଉଡ଼ି ଉଡ଼ି ଯାଏ ପଣତ
        ତା'ର କପାଳେ ଚନ୍ଦନ ଚିତା

ସମୁଦ୍ର

(ନିମଗ୍ନ ନାବିକମାନଙ୍କର କୋରସ୍)

କୋରସ୍

ସାଗର ତୁମେ ପ୍ରବାଳ ଦିଅ, ରତ୍ନ ଦିଅ ଦିଅ ବି କେତେ ବ୍ୟଥା
ନୀରବ ରାତେ ପକାଅ ମନେ କାତର ନୀଳ ସ୍ୱପ୍ନମୟ କଥା
ରାଜାର କଥା, ରାଣୀର କଥା, ହାତୀର ସଜ ଘୋଡ଼ାର ସଜ କଥା
ଚନ୍ଦ୍ର ନାଥ ସାଧବ, ଆଉ ଚନ୍ଦ୍ରକଳା ସାଧବ ଝିଅ କଥା

ମେଘ

ମେଘର ସ୍ୱରେ କିଏସେ ଡାକେ ଦୂରେ
ସାଗର ଆର ପାରେ
କାହାର ନୀଳ ଲୋହିତ ହାତ ଇଙ୍ଗିତରେ ଥରେ
ସାଗର ଆର ପାରେ

ପଢ଼ ଗୋ ପଢ଼, ଆଣିଚି ମେଘ
କାହାର ନୀଳ ଗୋପନ ଚିଠି
କାର୍ତ୍ତିକର ଆକାଶେ ଜଳେ
ତାରାର ହୀରା ଜଡ଼ଉ ବୁଟି

ଦେହେ ଗୋ ମୋର ଭାସିବା ନିଶା ଭରେ
ଅସୀମ ଦୂରେ ଦୂରେ

ମୌସୁମୀ ଗୋ ବ୍ୟସ୍ତ କିଆଁ
ଦୂରକୁ ମୁଁ'ତ ଯିବାକୁ ରାଜି
ଜଳର ଦେହେ ନୀଳ ଗଣିତ
ଇଚ୍ଛା ହୁଏ କଷିବି ଆଜି

ପ୍ରବାଳ ଯେତେ ନୀଳାର ସାଥେ ମିଳେ
ଆଣିବି ଏଇ ତୀରେ

ମାଝିରେ ମୋର ପିଠିକୁ ପଛେ
ଚିରିଲେ ଚିରୁ ପାଣିର ଛୁରି
ମୋ ଦେହର ଜାହାଜ ଯାଉ
ସାଗର ଦେହେ ଉଲ୍‌କା ପରି

ଦୂର ଦିଗନ୍ତେ ଅଶୁଣା ଉପକୂଳେ
ଅଜଣା ବତୀ ଘରେ

କୋରସ୍

ସାଗର ତମେ ନିଷ୍ଠୁର ଗୋ, ଆଶାକୁ କର ଶାମୁକା ଶଙ୍ଖ ବାଲି
ପ୍ରଣୟ ଭୀରୁ ନିଳୀମା କେବେ, ଅଥବା କେଉଁ ନିଶିଥ ଝଡ଼େ ନାଲି
କେବେ ବା ତମେ ନିର୍ଜନତା ଝାଉଁର ବ୍ୟଥା କାତର କୃଷ୍ଣାକଳି
କେବେ ବା ତମେ ନୀଳ ବାମନ, ଜହ୍ନ ତୋଳ ଢେଉର ହାତ ମେଲି

ମାଝି

ମାଝିରେ ମାଝି
ଆଜି ପ୍ରେତର ପାଖେ ମୋର ପୃଥିବୀ ବାଜି
ଦେଖ୍ ଢେଉରେ ନାଚେ କାଳପୁରୁଷ ଆଜି

ମାଝିରେ ମୋର ପିଠିକୁ ଚିରେ ଶାର୍କୁଟର ଛୁରୀ
ମୋ ଦେହର ଜାହାଜେ ବାଜେ ପାଣିର ତରବାରୀ

ମାଝିରେ ମାଝି
ଆହା କାହାର ଲୁହେ ଯାଏ କିଏସେ ଭିଜି
ଦେଖ୍ ଢେଉରେ ନାଚେ କାଳପୁରୁଷ ଆଜି

ମାଝିରେ, ଦୁଇ ହାତକୁ ଆମ ମଶାଲ୍ କରି ଜାଳି
ଏ ରାତିକୁ ଚାଲ୍‌ରେ ଆଜି ଉଜାଲା ଦେବା କରି

ମାଝିରେ ମାଝି
ଝଡ଼ର ପକ୍ଷୀ ଆମ ଉଡ଼ିବ ରାଜି
ଦେଖ୍ ଢେଉରେ ନାଚେ କାଳପୁରୁଷ ଆଜି

କୋରସ୍

ସାଗର ତମେ ନିଷ୍ଠୁର ଗୋ, ହଜାରେ ହାତେ ବାଲିକୁ କିଆଁ ଛୁଅଁ
ନିଅନା କିଛି ଦିଅନା କିଛି ଯେଉଁଠୁ ଆସ ସେଇଠୁ ଫେରିଯାଅ
କା'ଲାଗି ତୁମେ କଜଳ ଢେଉ କାହାର ଲୁହ ମୁକ୍ତା ଦିଅ କରି
କା'ଲାଗି ହୁଅ ଗାନ୍ଧାର ଗୋ, କା'ଲାଗି ହୁଅ କୋମଳ ଆଶାବରୀ

ଚନ୍ଦ୍ରକଳା

ତୁମ ଫୁଲର ପାଖୁଡ଼ାରେ ଏତେ ଗୋ ଜାଳା, ଚନ୍ଦ୍ରକଳା
ଆଜି ଅନ୍ଧ ମୋର ଦୁଇ ଆଖିର ଡୋଳା

ତୁମେ ନା ଦିନେ ମୋ ଜୀବନେ
ତଟିନୀ ପରି ବହି
କେଉଁ ସାଗର ଅତଳ ଜଳେ
ହଜାଇ ଦେଲ ନେଇ

ତୁମ ଲୁହରେ ଥିଲା ଏତେ ଶୀତଳ ଜାଳା, ଚନ୍ଦ୍ରକଳା
ଆଜି ଅନ୍ଧ ମୋର ଦୁଇ ଆଖିର ଡୋଳା

ତୁମେ ନା ଦିନେ ମୋ ଜୀବନେ
ଚୈତ୍ର କିଛି ବୁଣି
ସାଗର ମତେ ଦେବାକୁ କହି
ଶାମୁକା ଦେଲ ଆଣି

ତୁମ ନାଁରେ ଥିଲା ଏତେ ଅଜଣା ଜାଳା, ଚନ୍ଦ୍ରକଳା
ଆଜି ଅନ୍ଧ ମୋର ଦୁଇ ଆଖିର ଡୋଳା

କୋରସ୍

ସାଗର ତମେ ପ୍ରବାଳ ଦିଅ, ରତ୍ନ ଦିଅ, ଦିଅ ବି କେତେ ବ୍ୟଥା
କହଗୋ ପୁଣି, ରାଜା ଓ ରାଣୀ, ବିମନା ରାଧା, ଲୋତକ ଦ୍ୱୀପ କଥା
ସାଗର ତମେ କହିବ ଯଦି କା'ଲାଗି ଆଜି ଏମିତି ଏଠି ମୁଁ ଜଳେ
ମୋ ଆଖିର ଇନ୍ଦ୍ରଧନୁ ଭିଜାଇ ଦେବି ଲବଣ ନୀଳ ଜଳେ

ଆହୁରି ଆହୁରି

ରାତି ସାରା ଚାଲି ଚାଲି ଭାବିଥିଲି
ଦିନ ହେଲେ କଟିଯିବ ଦୁଃଖ ମୋର
ଏବେ ସକାଳୁ ଦେଖୁଚି ଆଲୁଅରେ
ବାଟ ପଡ଼ିଚି ଆହୁରି ଆହୁରି

ମୋର କଥା କହି ଆଉ କିବା ଲାଭ
ଯାହା କହିବାର ମୋର ସରିଲାଣି
ଖାଲି ବୁଝିବାର ପାଇଁ ମନ ତା'ର
ଲୋଡ଼ା ପଡୁଚି ଆହୁରି ଆହୁରି

ମୁଁ ତ ପ୍ରତି ଚାହାଣିରେ ମରି ମରି
ଧୂଆଁ ହୋଇ ମିଶେ ଯାଇ ଆକାଶେ
ତାକୁ ଖେଳ ତ ଲାଗିଚି ସବୁ କଥା
କହେ ଆହୁରି ଆହୁରି ଆହୁରି

ସେ'ତ କାଚ ଉଆସର କୋଠରିରେ
ଜହ୍ନ ତୋଳି ଆଣି ରଖେ ଘରେ ତା'ର
ମୋ ଭଳି ଖେଳନା ଭାଂଗିଗଲେ
କିଣିଆଣିବ ଆହୁରି ଆହୁରି

ତାଲା ଚାବି

ଚନ୍ଦ୍ରମାକୁ କିଆଁ ବଢ଼ାଉ ହସ୍ତ
କବାଟ ପଡ଼ିଚି ସାତ ପରସ୍ତ
ଫିରିଙ୍ଗୀ ଦେଶର ଚାବି, ଫିରିଙ୍ଗୀ ଦେଶର ତାଲା
କେବଣ ଦେଶରୁ ଆସିଲ ସୁନ୍ଦରୀ
ଫିଟେଇ ପାରିଲେ ହେଲା

ଗଂଭୀରି ଭିତରେ ପାଦ ତୋ ସୁନ୍ଦରୀ
ଗଂଭୀରି ବାହାରେ ଛାଇ
ନାକେ ନାକଚଣା ଦିଏ ଉଲୁଗୁଣା
କଥାରେ କଥାରେ ନାହିଁ

କଳାଘୋଡ଼ା ଚଢ଼ି ଆଇଲା ଫିରିଙ୍ଗୀ
ଧଳାଘୋଡ଼ା ଚଢ଼ି ଗଲା
ତୋ' ଜଳାକବାଟି ପାଶେ ଦଣ୍ଡେ ରହି
ରକତ ଚିହ୍ନିକି ମଲା

ଚନ୍ଦ୍ରମାକୁ କିଆଁ ବଢ଼ାଉ ହସ୍ତ
କବାଟ ପଡ଼ିଚି ସାତ ପରସ୍ତ
ଅଦେଖା ଦେଶର ଚାବି, ଅଶୁଣା ଦେଶର ତାଲା
କେବଣ ଦେଶରୁ ଆସିଲ ସୁନ୍ଦରୀ
ଫିଟେଇ ପାରିଲେ ହେଲା

କଟାକ୍ଷେ ହାଣିଲୁ ଅନେଶୋତ ଛାତି
ଜହ୍ନକୁ କଲୁ ନିଭନ
ହାତ ମୋର ଦୁଇ ଦୁଃଖୀ ବାମନ ଲୋ
ତତେ ଧରିବାକୁ ମନ

କଳାଘୋଡ଼ା ଚଢ଼ି ଆସିଲା ବରଗି
ଧଳାଘୋଡ଼ା ଚଢ଼ି ଗଲା
ମାଜଣା ଘାଟରେ ଛାଇ ତୋର ଦେଖି
ରକତ ଚିହ୍ନିକି ମଲା

ଚନ୍ଦ୍ରମାକୁ କିଆଁ ବଢ଼ାଉ ହସ୍ତ
କବାଟ ପଡ଼ିଚି ସାତ ପରସ୍ତ
ଅମୁକ ଦେଶର ଚାବି, ସମୁକ ଦେଶର ତାଲା
କେବଣ ଦେଶରୁ ଆସିଲ ସୁନ୍ଦରୀ
ଫିଟେଇ ପାରିଲେ ହେଲା

ମହୁମାଛି

ବେବୀ, ତୋର ଫ୍ରକ୍ ସାରା
 କେତେ ମହୁମାଛି
ମୁଁ ନାହିଁ ତୋ ପାଖେ, ପ୍ରେମ ମୋର ଅଛି

ବେବୀ, ଥରେ ଧରିଲେ ତୋ ହାତ
ଖରାଦିନେ ବି ଲାଗୁଚି ଶୀତ
ବେବୀ, ଥରେ ଦେଖିଲେ ତୋ ମୁହଁ
ଜଳିଉଠେ ହଜାରେ ଆଲୁଅ
ବେବୀ, ଥରେ ଦେଲେ ତୁହି ଧରା
ଦିନ ନାହିଁ ରାତି ନାହିଁ
କାମ ନାହିଁ ଦାମ ନାହିଁ
 ରବିବାର ସାତଦିନ ସାରା

ବେବୀ, ଆଉ କି ହେବ ଖେଳନା
ନିତି ନୂଆ ସୁଖର ଭାବନା
ଯିବେ ତୋର ସବାରି କାନ୍ଧେଇ
ସପନର ଓଢ଼ଣା ପିନ୍ଧେଇ
ତୁ ଏଥର ବୁଲିଗଲେ
ରାସ୍ତାର ଦୁଇକଡ଼େ
ଚାହିଁ ଚାହିଁ ତୋ ଆଡ଼େ
 ଛିଡ଼ା ହେବ କଟକ ସହର

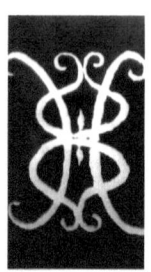

Devdas Chhotray, born on 25 November 1946, is a poet, and also a writer of short stories, screenplays and film lyrics. Educated at Ravenshaw College, Cuttack and Cornnel University in the USA, he is a member of the Indian Administrative Service, and also the first Vice Chancellor of the Ravenshaw University. His sustained association with film societies and film schools such as the 'Celluloid Chapter' in Jamshedpur, and the Film and Television Institute of India in Pune is evident. Apart from his debut 'Nila Saraswati'(1984), his other poetry anthologies comprise, 'Mallika'(2014), 'Hati Saja Kara'(2008), 'Dekhichi Dekhini'(2016) and 'Deergha Swasha'(2018). The trans-creations of his 'Mallika' poems by the eminent Odia painter Prafulla Mohanty has been published as 'Longing'(2004) in London. His short story collections 'Laal Macha'(1989), 'Ramaku Maribara Panchati Upaya'(2015) and a novella 'Chumbana'(2014), written in the backdrop of Ravenshaw College have earned critical acclaim. An anthology of his poems in Hindi translation 'Ret ki Sidhi' was published in Delhi in 2004. Devdas Chhotray Currently lives in Cuttack and Delhi.

BLACK EAGLE BOOKS

www.blackeaglebooks.org
info@blackeaglebooks.org

Black Eagle Books, an independent publisher, was founded as a nonprofit organization in April, 2019. It is our mission to connect and engage the Indian diaspora and the world at large with the best of works of world literature published on a collaborative platform, with special emphasis on foregrounding Contemporary Classics and New Writing.

www.ingramcontent.com/pod-product-compliance
Lightning Source LLC
Chambersburg PA
CBHW020539080526
44583CB00013B/910
* 9 7 8 1 6 4 5 6 0 2 0 1 9 *